COMPORTAMENTO SEGURO

Psicologia da Segurança no Trabalho e a Educação
para a Prevenção de Doenças e Acidentes

Juliana Bley

COMPORTAMENTO SEGURO

Psicologia da Segurança no Trabalho e a Educação para a Prevenção de Doenças e Acidentes

Comportamento seguro

Copyright © 2014 Artesã Editora
2ª edição, 7ª reimpressão 2024

É proibida a reprodução total ou parcial desta publicação, para qualquer finalidade, sem autorização por escrito dos editores. Todos os direitos desta edição são reservados à Artesã Editora.

DIRETOR
Alcebino Santana

REVISÃO
Maggy de Matos

CAPA
Karol Oliveira

PROJETO GRÁFICO E DIAGRAMAÇÃO
Conrado Esteves

B647c Bley, Juliana.
          Comportamento seguro : psicologia da segurança no trabalho e a educação para a prevenção de doenças e acidentes / Juliana Bley. – 2. ed. ampl. – Belo Horizonte: Artesã Editora, 2014.
          152 p. ; 14 x 21cm.
          ISBN 978-85-88009-42-4

          1. Psicologia do trabalho. 2. Segurança do trabalho. 3. Prevenção de acidentes. 4. Análise do comportamento. I. Título.

                                                                CDD 363.11
                                                                CDU 331.45

Bibliotecária responsável: Camila C. A. C. de A. Araujo CRB6/2703

IMPRESSO NO BRASIL
Printed in Brazil

(31)2511-2040   (31)99403-2227
www.artesaeditora.com.br
Rua Rio Pomba 455, Carlos Prates – Cep: 30720-290 | Belo Horizonte – MG
/artesaeditora

Dedico este livro aos trabalhadores brasileiros
que têm o perigo como "colega de trabalho" e a
todos àqueles que assumem profissionalmente o
desafio da construção de um cotidiano de trabalho
mais saudável e seguro para os cidadãos deste país.

Agradecimentos

Agradeço ao meu marido Rodrigo e ao meu filho Guilherme, por me fazerem lembrar todos os dias que praticar o cuidado e à saúde, comigo e com vocês, é uma condição essencial para poder amar e ser amada.

Gratidão ao meu pai, Cícero Bley Jr. por ter me ensinado a ir na direção daquilo que acredito, com o ímpeto de um "trem bala". Tributo a ele a força da minha escrita.

Gratidão a minha mãe, Maria Cristina Zilli, por ter mostrado-me, desde menina, o caminho da arte, do belo, do sensível. Tributo a ela a harmonia que tanto busco manifestar naquilo que escrevo.

Aos meus irmãos queridos e à minha *"boa" drasta*, pois viver ao lado de vocês é inspiração diária.

Meus amigos e amigas do peito, meus parceiros de alma e ofício, amados alunos e clientes, cujas companhias, na jornada nutrem minha alma, aquecem meu coração e alimentam a coragem para continuar.

A Julio Turbay, que me apresentou a Psicologia da Segurança no ano 2000 e a Odilon Cunha Jr. Estou certa de que os anos que convivemos juntos em parceria profissional foram de grande aprendizado e crescimento para todos nós.

Agradeço ao Eng. Alexandre Glitz que me deu a honra de prefaciar este novo tempo, por sua generosidade e parceria entusiasmada. Receba minha profunda admiração por sua trajetória e pelo grande profissional que é.

Ao Eng. André Alves, companheiro de longa data e prevencionista com "P" maiúsculo, cujo auxílio no projeto da Parte 2 foi um presente, um diálogo rico e inspirador.

Aos mais do que colegas Salim Baruqui, Cristina Reis, Karla Mikoski e Juliano Almeida pelos depoimentos generosos e por partilharem comigo das primeiras horas do nascimento deste trabalho. Gratidão à minha "Fada Madrinha das Letras", querida amiga e inspiradora da minha " persona-escritora", Rita Figueiredo.

A Solange Maria Rosset por ter me aberto, por duas vezes, os caminhos da publicação deste livro e à equipe da Editora Artesã que acreditou na importância de reeditar esta obra.

Finalmente, reitero sempre gratidão eterna aos meus orientadores no mestrado, Profa. Dr. Olga Mitsue Kubo e Prof. Dr. Silvio Paulo Botomé. Com vocês aprendi a fazer ciência, comunicar minhas ideias e a ser uma educadora de verdade. Vocês são uma prova de que ética, competência e humildade podem andar de mãos dadas, dentro e fora da universidade.

Sou grata a todos aqueles com os quais interagi nestes anos todos de palestras e projetos de consultoria por todo o Brasil. Quero dizer que estou certa de que aprendi muito mais com vocês do que fui capaz de ensinar.

Sumário

Apresentação desta edição..11

Prefácio..15

PARTE 1 – Da prática para a teoria: desvendando alguns princípios da psicologia da segurança

1. Psicologia e segurança do
trabalho no Brasil: uma introdução........................23

2. Comportamento humano e prevenção:
o que é (ou deveria ser) chamado
de segurança comportamental........................33

    A noção de comportamento humano....................39

    Comportamento seguro ou comportamento de risco?...41

    Evitamos acidentes ou promovemos saúde?...............48

3. O desafio de educar e conscientizar
trabalhadores e organizações para a prevenção............51

    Mudança de comportamento............................52

    Educação por meio de controle
    ou por meio de escolhas: estratégias
    para influenciar comportamentos........................56

    Treinamentos e campanhas:
    dilema entre quantidade e qualidade....................63

    Quem são os educadores?
    Desafios para a formação profissional..................66

4. Desenvolvimento de competências
preventivas: um estudo com profissionais
de manutenção no setor metalúrgico......................73

    Competência em trabalhar
    com saúde e segurança................................75

    Um estudo sobre como empresas têm ensinado
    trabalhadores a comportarem-se de forma segura.....77

Fatores críticos para o processo
ensino-aprendizagem em prevenção............................79

Conclusões do estudo..91

5. Cuidar do ser: considerações sobre
ciência, gestão de pessoas e cidadania...............................97

**PARTE 2 – Da teoria para a prática:
construindo segurança como valor**

1. Refletindo sobre o fazer...103

2. Cuidando de si e do outro
"todos os santos dias"!...105

3. Vamos derrubar os três tabus:
errar, pedir ajuda e dizer não..107

4. Pratique o cuidado: isso faz bem para você.................112

5. Sem mudança de mentalidade
não há mudança de realidade..114

6. Não existe a "ferramenta mágica".................................118

7. Liderança humanizada
é igual a vida bem cuidada...121

8. Comunicando ao avesso: será que funciona
usar fotos de acidentes para conscientizar?....................125

9. A CIPA é espaço de transformação humana................129

10. Foque no positivo e elimine de seu vocabulário
a frase "não fez mais do que a obrigação"........................133

11. Pratique segurança como valor...................................135

Referências..141

Obras consultadas...145

Epílogo – O mito do cuidado...149

A autora...151

Apresentação desta edição

Alguns anos se passaram desde que as ideias aqui apresentadas 'caíram na estrada', o que aconteceu em 2006. Elas foram gestadas no seio de um estudo de mestrado em psicologia no qual ingressei em 2002, empreendendo um verdadeiro mergulho em busca de respostas para perguntas como: "o que é Ato Inseguro?", "É possível educar as pessoas para evitar acidentes?", "Existem ferramentas na Psicologia, para melhorar a Segurança no Trabalho?".

De lá pra cá, acompanhamos uma importante evolução no campo da Saúde e Segurança no Trabalho (SST), em nosso país. As grandes empresas avançaram na consolidação de suas práticas de gestão de SST, ferramentas de diagnóstico e intervenção muito avançadas foram sendo implementadas, as lideranças estão mais consciente do valor da prevenção, os profissionais especialistas vêm atualizando suas práticas, além do constante aperfeiçoamento das exigências legais. No entanto, todos sabemos que ainda há muito a melhorar. Estamos diariamente insistindo na superação da dificuldade que os sistemas humanos e organizacionais possuem de avançar na mudança de uma cultura de trabalho reativa para uma cultura preventiva. Juntamente com a força que fazemos para evoluir, ainda lutamos a todo instante contra as famosas "recaídas" ("Xi, zeramos o placar!").

No âmbito da Psicologia aplicada a Saúde e Segurança no Trabalho, assistimos, nos últimos dez anos, a uma valorização crescente da figura do Psicólogo, como profissional capaz de agregar grande valor, tanto na posição de consultor/assessor, quanto como membro do quadro fixo da organização. Foi com alegria que pude testemunhar diversas empresas abrindo vagas para Psicólogo, nas gerências de SST. E pensar que, nos idos de 2001, a gente se apresentava como "Psicólogo que trabalha com segurança" e os colaboradores das empresas tomavam aquele grande susto. Além da abertura do campo de trabalho, colaborou muito para este avanço o fato das universidades terem despertado para a relevância desta área, proporcionando cada vez mais oportunidade de contato e conhecimento, a respeito de seu espaço profissional dentro da Psicologia. Ainda figuram como obstáculos, a ínfima quantidade de publicações especializadas em nosso país e o desconhecimento a respeito do arcabouço teórico já sistematizado, que está em plena aplicação em nossas empresas. Ou seja, apesar deste ser ainda um campo emergente, não é necessário sair por aí "inventando a roda". Há muito material disponível e de boa qualidade.

Uma prova que tive do interesse crescente pela Psicologia da Segurança e da necessidade de compartilhar conhecimento na área, foi o fato das duas primeiras tiragens deste livro terem se esgotado rápida e completamente.

A presente edição nasceu graças à insistência entusiasmada e amorosa dos leitores, que conheceram estes escritos na primeira edição (2006) e também na versão web (disponibilizada para download em 2011) e me fizeram perceber que este diálogo não deveria ser interrompido. Fizeram-me perceber, ainda, que o livro impresso era o caminho preferido por grande parte dos interessados no tema (devo confessar que também é o meu).

Nesta reedição, outra novidade é o acréscimo de uma segunda parte com textos inéditos, que visam aproximar o leitor da forma como a Psicologia da Segurança opera na prática cotidiana das organizações. Entendendo como "prática", desde o questionamento a respeito dos modelos mentais, que atrapalham os processos de mudança de cultura e comportamento, até o relato de estratégias e casos de sucesso. Escrever esta segunda parte, foi uma forma que encontrei de registrar e compartilhar com vocês algumas das inquietações e descobertas mais significativas da minha caminhada como 'Psicóloga-prevencionista'.

Emocionada entrego esta despretensiosa contribuição para o campo da Saúde e Segurança no Trabalho, feliz por poder *cocriar* com todos vocês alguns caminhos para uma realidade de Cuidado com a Vida nas organizações. Esta é uma missão muito preciosa.

Que estes saberes se somem e reforcem o movimento da "utopia necessária do cuidado" da qual nos alerta Leonardo Boff,[1] tão essencial para nos reconectar com nossa frágil e impetuosa humanidade.

Que este livro seja semente, que germine nos capacetes e botinas, que abra brotos nos canteiros de obra, que ele se transforme em plantas nas áreas industriais, que se abra como flores e nasçam pequenos frutos do Cuidado nos gestos e palavras, pelos ambientes trabalho afora...

Juliana Bley, fevereiro de 2014.

---

[1] BOFF, L. *O cuidado necessário: na vida, na saúde, na educação, na ecologia, na ética e na espiritualidade*. Petrópolis: Vozes, 2012.

Prefácio

Prefaciar a nova edição do livro sobre Comportamento Seguro da Juliana Bley me fez sentir honrado e desafiado.

Honrado, pois Juliana é uma profissional extremamente capacitada, na abordagem dos aspectos psicológicos e organizacionais, que influenciam a ocorrência de acidentes além de ser referência no que se refere à Psicologia da Segurança do Trabalho. Conheço,há mais de 10 anos, o trabalho entusiasmado e vibrante que Juliana realiza, período no qual aprendi a admirar e prestar atenção no que ela diz e em suas propostas, que além de profissionais e consistentes, são muito criativas.

É desafiador um Engenheiro de Segurança prefaciar o livro de uma Psicóloga. Engenheiros são treinados para pensar de maneira muito lógica: 2 mais 2 são sempre 4! Eventualmente, sob outros olhares, isto pode não ser totalmente verdadeiro. Desafiador é entender por que nós, seres humanos, nos comportamos da maneira como nos comportamos frente a riscos conhecidos, mapeados, entendidos e compreendidos e por que é tão difícil desenvolver o comportamento seguro nas pessoas e, por que não, em nós mesmos. O que nos leva a agir da forma como agimos, mesmo tendo a informação e a consciência dos riscos que podemos estar correndo? Como desenvolver o "comportamento seguro" em nós e nas pessoas que influenciamos? Conseguimos de fato influenciar o comportamento humano? Como conseguir resultados sustentáveis e melhoria contínua?

No ambiente complexo em que vivemos e atuamos, a temática do comportamento seguro é transversal e passa por diversas disciplinas e níveis hierárquicos.

Como escreve a Juliana, "ensinar alguém a trabalhar com consciência de segurança passa, necessariamente, por ensinar esse alguém a conhecer criticamente sua realidade, a fazer escolhas com relação a elas, considerando as consequências para si e para aqueles que o cercam. Assim posto, o processo de conscientização e educação com foco na prevenção não pode ficar restrito ao nível da obediência e do controle." Este "ensinar" está intimamente ligado à Política de Segurança estabelecida na empresa, e esta é uma atribuição da alta liderança. A alta liderança estabelece os rumos a seguir, o que é importante, o que é aceito e o que não é tolerado.

Estou convencido que de todos os fatores envolvidos na prevenção de acidentes, liderança é o mais importante e o que mais influencia, quando se trata do estabelecimento de ações e exemplos para propiciar um ambiente seguro de trabalho e a busca do comportamento seguro. É o líder que estabelece a cultura vigente. É ele quem muda a cultura e é ele o maior responsável pelos resultados obtidos, positivos ou não. É ele que estabelece se Segurança é, realmente, um valor para a organização. Valor explicitado e praticado. Claro que esta tarefa não é somente do líder maior, mas sim de toda a linha hierárquica. Em analogia às antigas galeras[1] costumo dizer que é o líder quem dá, em última análise, o "ritmo da remada".

Por outro lado, desenvolver ações para a conscientização da força de trabalho são necessárias, mas não suficientes.

---

[1] Antiga embarcação longa e de baixo bordo, movida a vela ou a remos, que servia tanto à marinha de guerra quanto à mercante.

É necessária a conscientização do trabalhador. Entendo que a conscientização é um processo interno ao ser humano que é influenciado pelo entorno, mas que depende essencialmente de um "click" interno. Este "click" interno é o outro desafio que encontramos nas atividades relacionadas à prevenção de acidentes.

Como desenvolver o conceito do cuidado ativo, do cuidar de si, do cuidar do outro e o de deixar-se cuidar? Como garantir que o aprendizado pessoal seja "perenizado" através do conhecimento coletivo, de uma forma abrangente, não apenas aquele aprendizado que decorre da experiência individual de cada um de nós, mas também aquele gerado por uma ocorrência que envolveu diferentes níveis de tomada de decisão como é o caso dos acidentes industriais?

Na década de 1980, Trevor Kletz[2] publicou um artigo intitulado "as organizações não têm memória"[3] e completou que as pessoas mudam de lugar levando a memória consigo. Ou seja, se a organização não buscar meios de "perenizar" o aprendizado, as pessoas que o tiveram a partir da sua vivência diária, do que deu certo e do que deu errado, ou de um acidente levarão consigo o aprendizado (sabemos que as pessoas mudam de lugar, trocam de emprego, se aposentam). Entendo que sem atuação na cultura (organizacional, de segurança) não haverá "perenização" do aprendizado, do conhecimento e do modo seguro de fazer. A cultura estabelecida dará, ou não, solução ao dilema da educação para a prevenção. Assim é fundamental ter processos de

---

[2] Autor britânico de inúmeros livros voltados á prevenção de acidentes industriais, ou acidentes maiores.

[3] Posteriormente, na década de 1990, Trevor Kletz publicou um livro intitulado *Lessons from Disaster – How organizations have no memory and accidents recur* (*Lições de Desastres – como as organizações não tem memória e os acidentes se repetem* - tradução livre).

disseminação do aprendizado estabelecidos e praticados para a busca desta "perenização" individual e coletiva.

Por outro lado, verifica-se, ainda, certa "banalização", quando da ocorrência de acidentes. Um exemplo é o que ocorre no trânsito brasileiro. Charles Perrow em seu livro "Normal Accidents – living with high risk technologies"[4] chama atenção para a "normalização" dos acidentes. Apesar de o conceito ter sido desenvolvido para processos que envolvam alto grau de complexidade e interação, ele se aplica no dia a dia do trabalho. Quantas vezes escutamos: "é normal; neste tipo de atividade é esperado que acidentes ocorram". Realmente é esperado que ocorram acidentes ou estamos "normalizando" sua ocorrência e deixando de nos debruçar sobre o que pode ser feito para sua redução?

Este livro vai lhe auxiliar, Trabalhador, Supervisor, Gerente ou Líder, no entendimento do desenvolvimento de ações que visem influenciar o comportamento seguro com eficácia, usando linguagem clara, direta e objetiva. Que o comportamento não é o resultado somente do que o trabalhador faz ou entendeu que deve fazer, é o resultado das ações – e principalmente da qualidade destas ações - tomadas pelo empregador visando garantir que o trabalhador entendeu, compreendeu e assimilou os riscos das suas atividades e a forma adequada de proteger sua saúde e integridade física.

A leitura irá possibilitar à reflexão sobre as questões que envolvem o lado humano da prevenção de acidentes, levando à reflexão das metodologias de prevenção adotadas e, certamente, à conclusão da necessidade de mudanças na abordagem utilizada em muitos locais de trabalho e em toda cadeia hierárquica. Você irá questionar-se sobre o que

---

[4] *Acidentes Normais – vivendo com tecnologias de alto risco* (tradução livre).

está fazendo para que as pessoas, sob sua influência, adotem comportamentos seguros. Quão eficazes e efetivas são as ações nas quais você vem trabalhando? Como modificar comportamentos no trabalho em situações concretas com as quais o trabalhador precisa ser capaz de lidar? Como educar no cotidiano?

Um amigo meu descreveu uma figura muito interessante para ilustrar o trabalho na prevenção de acidentes: é como remar contra a correnteza em um rio de correnteza forte. Se reduzimos o ritmo da remada, a correnteza nos levará a lugares onde já estivemos. Se pararmos de remar, não ficaremos no local aonde chegamos, a correnteza vai nos levar para trás. E por que isto? Comportamento seguro é contra a natureza humana. Por natureza, buscamos o menor esforço. Por natureza, fazemos um "balanço mental" interno: "o que eu ganho com isto e o que eu perco com isto?" Se o "balanço mental" for positivo para um comportamento de risco, é esperado que o homem médio se arrisque."A consequência de um comportamento efetivamente seguro é que nada acontece". Daí, porque trabalhar com pessoas é, como escreve a Juliana, ao mesmo tempo fascinante e perigoso.

Rio de Janeiro, fevereiro de 2014

Alexandre Glitz
Engenheiro de Segurança

PARTE I

Da prática para a teoria: desvendando alguns princípios da psicologia da segurança

CAPÍTULO 1

Psicologia e Segurança no Trabalho no Brasil: uma introdução

Contratando somente as mãos dos trabalhadores, não suas mentes e corações, as empresas perdem um precioso retorno dos seus investimentos nas pessoas.
(CECÍLIA WHITAKER BERGAMINI)

Psicólogo aqui no Serviço Especializado em Engenharia de Segurança e Medicina do Trabalho (SESMT)? Não tem ninguém louco por aqui! Psicologia e segurança no trabalho? Uma nova invenção? Modismo recente? O que o psicólogo tem a ver com prevenção de acidentes?

A Psicologia, como processo de conhecer o funcionamento da subjetividade humana, data de tempos imemoriais, principalmente no oriente. Em registros conhecidos, é possível dizer que desde Aristóteles (300 a.C.) procura-se compreender e explicar esse conjunto de fenômenos, inicialmente nomeados como sendo "da alma" (na origem do termo, "psico-logia" significa estudo da alma). Como ciência estruturada, seus primeiros e importantes experimentos datam de meados do século XIX. No Brasil, é profissão regulamentada há pouco mais de 40 anos e conta, atualmente, com quase 200 mil profissionais registrados em conselhos profissionais e atuantes. No entanto, infelizmente, apesar do tempo de regulamentação e da proporção da categoria, o estereótipo clínico (aquele do divã) e a ideia de que "psicólogo é médico de louco" ainda persistem no imaginário popular, distanciando sua imagem profissional de contextos menos conhecidos da sua atuação. Este é o caso da Psicologia do Trabalho e, mais precisamente, da Psicologia da Segurança no Trabalho.

A Psicologia, como ciência e também como profissão, vem se dedicando a estudar e intervir sobre o comportamento humano no contexto do trabalho desde, praticamente, a revolução industrial. No Brasil, uma das mais significativas obras publicadas sobre a Psicologia a serviço da prevenção de acidentes de trabalho é *Acidentes de Trabalho – Fator Humano, Contribuições da Psicologia do Trabalho, Atividades de Prevenção*, do psicólogo José Augusto Dela Coleta[1] (BLEY, 2003). Ao sistematizar estudos como os de Schorn, 1925, Dunbar, 1944, Ombredane e Faverge, 1955, Davis e Mahoney, 1957, Hersey, 1936, Kerr, 1957, Dela Coleta, 1979, e outros citados pelo autor, ele apresenta a Psicologia como uma das áreas produtoras de conhecimento sobre a ocorrência de acidentes desde as primeiras descobertas científicas relacionadas ao trabalho. Estudiosos e teóricos, como Freud, 1948, e Adler, 1941, já discutiam correlações possíveis entre fenômenos psíquicos presentes nos acidentes e nas fatalidades. A importância da participação da Psicologia na segurança, como área de conhecimento, também se dá pelo fato de que as iniciativas

---

[1] DELA COLETA, J. A. *Acidentes de trabalho - fator humano, contribuições da psicologia do trabalho, atividades de prevenção.* São Paulo: Atlas, 1991.

e programas de prevenção de acidentes requerem, necessariamente, a ocorrência de um processo de humanização do trabalho e valorização do trabalhador.

A obra citada de Dela Coleta (BLEY, 2003) é um raro esforço da Psicologia brasileira em três sentidos: 1) o de demonstrar sua importância no cenário da produção científica e nas investigações sobre o fenômeno do acidente de trabalho; 2) o de demonstrar para os psicólogos do país a necessidade de produzir conhecimento científico sobre o fenômeno; 3) o de reafirmar presença do profissional da Psicologia neste campo de atuação profissional, o da Psicologia da Segurança, ocupado de forma tão tímida ainda em nosso país. É bem verdade que o volume de pesquisas nessa área, bem como a presença de psicólogos nesse campo de atuação têm crescido no Brasil (tanto como funcionários efetivos das empresas como consultores externos). No entanto, ainda há muito espaço a ocupar e muito a contribuir, em conjunto com os demais profissionais que atuam com a saúde e a segurança dos trabalhadores.

A Psicologia da Segurança é definida por Meliá (1998) como aquela parte da Psicologia que se ocupa do componente de segurança da conduta humana. Pode ser vista, inicialmente, como o resultado da impossibilidade de se criar ambientes plenamente seguros. É utilizada em diferentes contextos como no trânsito, no cuidado com crianças, na prevenção de diferentes tipos de males e perdas, entre eles os relacionados às situações de trabalho. Nesse contexto, torna-se uma Psicologia da Segurança no Trabalho.

Assim como o comportamento humano, o acidente de trabalho é um fenômeno multideterminado. A noção de multideterminação diz respeito à tendência de conceber os fenômenos e seus aspectos como sendo causados por múltiplas relações entre variáveis de diferentes tipos ou naturezas, resultando no exame não de uma causa, mas de variáveis que determinam a probabilidade de ocorrência de características de um evento. Esta é uma noção de causalidade circular, componente das propostas paradigmáticas daquilo que se tem chamado de **nova ciência**, em contrapartida à relação linear de causa-efeito própria de uma concepção aristotélica (LEWIN, 1975). Cardella (1999), ao articular a segurança do trabalho ao que ele chama de uma **visão holística** (outra expressão utilizada para uma visão sistêmica dos fenômenos), define o acidente como um fenômeno multifacetado, resultante de interações complexas entre fatores físicos, biológicos, psicológicos, sociais, culturais. Dela Coleta (1991) reitera a importância do contexto para os padrões comportamentais obtidos no que diz respeito à prevenção de acidentes de trabalho.

É possível afirmar que, no âmbito dos fatores relativos aos acidentes que podem ser chamados de psicológicos, cabe o exame da influência dos comportamentos humanos na sua prevenção. Nesse caso, o conjunto de variáveis do fenômeno comportamento que precisa ser examinado é aquele que caracteriza sua dimensão preventiva. Isso remete a uma análise das condições de segurança da conduta do trabalhador, uma vez que **prevenir** é uma dimensão do comportamento de **trabalhar**.

Um dos papéis da Psicologia da Segurança é o de estar implicada em aumentar a possibilidade de envolvimento pessoal, de cada membro da organização, com a segurança e com o desenvolvimento de uma cultura global de segurança (GELLER[2], citado por MELIÁ, 1999). Esse papel pode ser desempenhado, com grandes possibilidades de sucesso,

---

[2] GELLER, S. *The psychology of safety: how to improve behaviors and attitudes on the job.* Radnor, USA: Chilton Book Company, 1996.

por meio das estratégias que objetivam a capacitação do trabalhador. Os eventos relacionados com segurança, como palestras, cursos, treinamentos e reuniões, são recursos utilizados por organizações para "ensinar" aos seus funcionários sobre os meios de realizar suas atividades considerando os riscos existentes. Certamente, a utilização dessas estratégias educativas (assim como dos recursos didáticos) é desencadeada por uma necessidade, identificada pela organização, em desenvolver seus processos de trabalho de forma a favorecer a prevenção de doenças e acidentes de trabalho.

Ao examinar criticamente os recursos e estratégias, é possível levantar algumas questões. O que, de fato, as empresas têm ensinado aos trabalhadores sobre comportar-se de forma segura (ou preventiva) ao realizar suas atividades profissionais? Se o processo de ensinar tem sido efetivo no âmbito educativo (do treino, do exercício), as contingências naturais presentes no cotidiano de trabalho do aprendiz (dia a dia de trabalho) têm permitido a ocorrência dos comportamentos ensinados? Quais aspectos do planejamento e da realização dos eventos de segurança influenciam (favorecendo ou prejudicando) na aprendizagem dos comportamentos seguros necessários à promoção da segurança no trabalho? O que pode, exatamente, ser entendido por comportamento seguro?

Treinamentos, cursos, palestras, procedimentos e políticas são importantes estratégias para a promoção da mudança de comportamento em segurança. Entretanto, utilizadas de forma descontextualizada e sem considerar as variáveis contingentes aos comportamentos relacionados com a prevenção, elas pouco podem produzir frente ao poder de manutenção das coisas como sempre estiveram que o arranjo das variáveis existentes pode representar. Essa trama complexa de relações, que é invisível aos olhos à primeira vista, pode ser a responsável pelo insucesso de estratégias e ferramentas de conscientização em segurança que atingem seus objetivos num primeiro momento; porém, após um período de tempo, permite que os problemas considerados ultrapassados voltem a ocorrer. Uma mudança efetiva e duradoura de padrões comportamentais dá-se por meio do processo de aprender, que é caracterizado, inicialmente, pela integração de um novo comportamento ao repertório de um organismo (CATANIA, 1999); e esse aprender acontece não só dentro, como também fora das salas de treinamento e auditórios. A cultura da organização, a forma como são tomadas as decisões, os estilos de liderança e os valores praticados por seus integrantes fazem parte de um amplo conjunto de contingências que influenciam, sobremaneira, naquilo que as pessoas aprendem como sendo sinônimo de **seguro** ao trabalhar em situações de risco. É o contexto influenciando os comportamentos dos indivíduos.

Segundo Geller (2001), um dos mais importantes estudiosos da psicologia da segurança norte-americana, um contexto organizacional favorável à prevenção caracteriza-se pelo cuidado como atitude essencial. Essa cultura favorável é definida como sendo aquela em que ocorre o que ele denomina de **cuidado ativo**. Cuidar de si mesmo, cuidar do outro e deixar-se cuidar pelo outro podem ser considerados como sendo um tripé no qual se apoia uma cultura organizacional que tem como característica essencial a prevenção (cultura de saúde e segurança). A característica preventiva pode ser identificada nos mais diferentes processos de uma organização como no planejamento estratégico da empresa, nas políticas corporativas, nas definições orçamentárias, nos treinamentos e nos processos internos. Dessa forma, cria-se um ambiente favorável ao aparecimento de comportamentos considerados preventivos não só por parte dos indivíduos, mas também dos pequenos grupos/setores, das lideranças e também da cúpula da organização.

Os processos de **conscientizar** e **educar** têm sido os grandes carros-chefes das estratégias de prevenção de acidentes e doenças do trabalho com foco nos aspectos humanos. Falar de educação, num período histórico no qual o mundo coloca novos paradigmas para a educação, é um convite à revisão daquilo que se entende como sendo o papel de cientistas, educadores e gestores ao construir o processo de aprendizagem de trabalhadores e organizações. A UNESCO (Organização das Nações Unidas para educação, ciência e cultura) declarou, na virada do milênio, por meio da Comissão Internacional para Educação no Século XXI, que os quatro pilares que deverão sustentar as propostas de educação em todo o mundo são: Aprender a Ser, Aprender a Conviver, Aprender a Aprender e Aprender a Fazer (DELORS, 1998). O mundo mudou, e a educação precisa formar e instrumentalizar as pessoas ao redor do planeta para viver e sobreviver neste contexto social, econômico, político, científico, espiritual tão peculiar.

Considerando os quatro pilares, a ação de educar transcende às tradicionais noções de instruir, treinar, qualificar para fazer algo profissionalmente. Nessa perspectiva quadridimensional, o desenvolvimento de um ser humano deve ocorrer de forma integral, isto é, sem deixar de lado seu mundo interno, suas relações, seu contexto, sua capacidade de construir-se autonomamente e, finalmente, sua capacidade de fazer (que, até então, vinha sendo o grande objetivo de ensino na educação de trabalhadores). Vai além de uma noção clássica de que a mão de obra tem de ser preparada, ou seja, o que precisa ser preparado são seus braços, e não seu ser inteiro. Também vai além da tão criticada e, ao mesmo tempo cultuada por empresas e profissionais, fórmula do treinamento reprodutor das coisas como sempre foram e reprodutor da ideologia reinante. O que se procura na educação do ser integral é que, além de saber fazer, ele acesse as dimensões do aprender a ser, a relacionar-se e a desenvolver autonomia no seu processo de pensar e produzir conhecimento. É de uma educação do indivíduo, em toda sua inteireza, que se fala e precisa-se; é isso que se busca nos primeiros anos do século XXI.

Vale salientar que, sendo essa uma ampliação significativa sobre pensar e fazer educação (especialmente a educação no campo do trabalho), há que se considerar o intenso processo de transformação que está em curso e que, pela sua amplitude e importância, está longe de terminar. Portanto, para que seja possível deparar-se com organismos públicos e privados, realizando processos de aprendizagem de espectro ampliado (integral), convergentes com os pilares da educação para o século XXI, será preciso contar com o tempo (longo prazo) e com a atualização (mudança de paradigma) de técnicos e dirigentes organizacionais. Só assim, será possível traduzir diretrizes inovadoras em práticas coerentes e eticamente pautadas.

A integração dos quatro pilares na perspectiva da educação para saúde e segurança no trabalho coloca-a num nível maior de coerência com aquilo que hoje se entende por segurança comportamental, que é a dimensão humana da prevenção de doenças e acidentes. O vocábulo **comportamental** diz respeito a essa dimensão, sendo considerada por empregadores, estudada por cientistas e profissionais das áreas afins e influenciada por ambos na direção da promoção das melhores condições de saúde para aqueles que atuam em situações de risco. Isso pode ser verificado ao comparar a proposta da educação do ser integral com a noção de atitude, amplamente utilizada em campanhas e treinamentos de prevenção e considerada essencial para esse processo. Atitude não é sinônimo de comportamento, mas sim uma tendência a comportar-se de uma determinada forma. Tal tendência é originária da consistência entre três componentes: cognitivo (do pensar, do conhecer), afetivo (do sentir) e de ação (do fazer) (RODRIGUES, 1998). Isso posto, desenvolver atitudes seguras (objetivo de grande parte dos treinamentos) significa criar condições para que as pessoas **conheçam** os riscos, aos quais estão expostas, e as formas de evitar lesões e perdas, **sintam-se** identificadas com e motivadas pela ideia de que "prevenir é realmente melhor do que remediar" e, principalmente, **ajam** de acordo com os dois primeiros fatores. Em última análise, ter atitude segura significa pensar, sentir e agir com segurança **sempre** que o indivíduo encontrar-se numa situação de risco (noção de tendência).

Capacitar e desenvolver pessoas para que se tornem competentes para pensar, sentir e agir cuidando de si mesmas, dos outros e deixando-se cuidar pelos outros parecem ser o grande objetivo da segurança baseada no comportamento humano. Para que isso se torne realidade em nosso país, onde o cenário de doenças e acidentes de trabalho está longe do que é considerado aceitável (se é que isso existe), é preciso que governantes e dirigentes de organizações revejam suas políticas de gestão de pessoas, especialmente no que diz respeito às estratégias de treinamento e desenvolvimento (T&D). Essa revisão deve ter como ponto de partida o questionamento acerca do papel desempenhado pelas pessoas no processo de prevenir. Esse papel é o de sujeito da preservação da sua integridade, capaz de participar e assumir responsabilidades quanto a ela, desde que a organização de trabalho crie condições para que isso ocorra, bem como atuar como elemento cessionário de poder e desencadeador das pessoas que compõem um grupo nessa direção. Existe uma máxima entre os profissionais de Saúde e Segurança no Trabalho (SST) que confirma o caráter participativo e cessionário de poder que uma cultura de prevenção deve assumir, defendendo que **segurança é responsabilidade de todos**. É isso. A responsabilidade é de todos, mas começa no olhar, no sentimento e na ação de cada um, do andar mais alto do prédio da diretoria até a última bancada do último galpão no fundo da fábrica.

CAPÍTULO 2

Comportamento humano e prevenção: o que é (ou deveria ser) chamado de "segurança comportamental"

Caminhar sobre um terreno acidentado é uma coisa,
saber que se está fazendo isso é outra coisa.
(Burrhus Frederic Skinner)

O comportamento das pessoas é objeto de preocupação do homem há muito tempo. Da mesma forma que é um objeto de estudo, é um fenômeno presente no dia a dia de qualquer pessoa. Botomé (2001), ao examinar o conhecimento produzido sobre a noção de comportamento, afirma que ela evoluiu ao longo do último século em meio a confusões, equívocos e preconceitos acerca da sua conceituação e do seu uso. Os verbos utilizados para nomear os comportamentos (como prevenir, evitar, analisar) podem levar a pensar que as relações que compõem esse fenômeno são simples, o que não é verdade. Ele é um fenômeno de alta complexidade e variância, o que requer mais do que o senso comum para examiná-lo e intervir sobre ele. Isso quer dizer que a máxima "de psicólogo e louco todo mundo tem um pouco" pode manter a discussão sobre comportamento e segurança no campo dos "achismos", e não no campo da ciência.

No âmbito da segurança no trabalho, o estudo da influência humana no acidente de trabalho necessita considerar o conjunto de relações que se estabelecem entre um organismo e o seu ambiente de trabalho, para ser considerado como comportamental. Dela Coleta (1991, p. 77), ao sistematizar as contribuições da Psicologia para a prevenção dos acidentes de trabalho, examina alguns aspectos do homem, presentes na ocorrência dos acidentes de trabalho, e seus níveis de complexidade, afirmando que:

> ...os comportamentos, as atitudes e as reações dos indivíduos em ambiente de trabalho não podem ser interpretados de maneira válida e completa sem se considerar a situação total a que eles estão expostos, todas as inter-relações entre as diferentes variáveis, incluindo o meio, o grupo de trabalho e a própria organização como um todo. [...] o acidente de trabalho, neste sentido, pode ser visto como expressão da qualidade da relação do indivíduo com o meio social que o cerca, com os companheiros de trabalho e com a organização.

Essa afirmação merece destaque e reflexão uma vez que toma o acidente de trabalho como um produto da forma pela qual o ser humano interage com o mundo à sua volta, isto é, com as máquinas, equipamentos, outras pessoas e até com a sociedade, o que confere um alto grau de complexidade a essa análise.

Os fenômenos comportamentais relativos à prevenção dos acidentes têm sido fonte de interesse e investimento por parte do governo, de empresas e de profissionais no que diz respeito à segurança no trabalho. Profissionais (de diferentes formações) do campo da segurança, empresas de prestação de serviços e grandes corporações brasileiras têm utilizado o termo segurança comportamental para referir-se ao conjunto de estratégias que utilizam para atuar sobre os comportamentos dos trabalhadores, dos grupos e da própria organização, com o objetivo de torná-los capazes de prevenir acidentes de trabalho. Entretanto, a atuação das organizações sobre os comportamentos do trabalhador em relação aos riscos do seu trabalho tem enfrentado alguns obstáculos como: reduzida oferta de profissionais adequadamente capacitados para lidar com comportamento humano em segurança; intervenção de profissionais de outras áreas de conhecimento sobre o comportamento, sem o devido preparo técnico-científico; julgamento de profissionais, de diferentes áreas de conhecimento, de que o comportamentalismo tem como propósito "manipular" os trabalhadores.

É possível afirmar que os conhecimentos produzidos pela Psicologia da Segurança no Trabalho (e áreas afins dentro da Psicologia) assumem funções distintas, quando se trata do trabalho de psicólogos e demais profissionais da saúde e segurança. Para o psicólogo, a Psicologia da Segurança no Trabalho configura-se com um Campo de Atuação Profissional, isto é, um conjunto teórico-técnico que subsidia sua intervenção nos fenômenos psicológicos relacionados com o trabalho no que diz respeito à prevenção de acidentes. Ele pode ser considerado um técnico, um especialista formado, autorizado e fiscalizado (pelo conselho profissional, à luz do código de ética) para realizar tal atividade como uma profissão. Já no caso dos demais profissionais voltados para saúde e segurança, ou mesmo gestores e técnicos de outras profissões, a Psicologia da Segurança no Trabalho configura-se como uma Área de Conhecimento, isto é, um conjunto de saberes e conhecimentos que podem conferir a esse profissional um entendimento diferenciado, pormenorizado, sobre os aspectos psicológicos relacionados com o trabalho no que diz respeito à prevenção de acidentes. De posse desses conhecimentos, esses profissionais poderão atuar nos seus respectivos campos (um médico do trabalho, por exemplo) com um alto grau de compreensão dos aspectos humanos, podendo elevar a qualidade e a efetividade da sua atuação em função disso. É importante posicionar adequadamente tais funções, uma vez que é grande o risco de terem-se perdidos os critérios que diferenciam a utilização profissional da Psicologia da Segurança no Trabalho da sua utilização como fonte de conhecimento, correndo-se o risco do uso simplista do termo.

Como já foi abordado no capítulo anterior, a atuação de psicólogos no campo da saúde e segurança no trabalho no Brasil é bastante reduzida. Isso se deve, em muito, à escassez de propostas de formação específica para esse campo e também à sua pequena expressão junto à formação profissional básica (graduação em Psicologia). A respeito da intervenção de profissionais de outros campos de atuação sobre o comportamento humano, Dejours (1999) e Geller (2001), que são expoentes da Psicologia do Trabalho na atualidade, consideram que expressões como fator humano, comportamento, atitudes, além de serem utilizadas, muitas vezes, como sinônimo de Psicologia por quem não é psicólogo, funcionam como um verdadeiro condensado de "psicologia do senso comum". Conceitos genéricos sobre os comportamentos das pessoas têm servido como base para intervenções em segurança que se intitulam "focadas no aspecto humano".

Dos equívocos na concepção e na intervenção sobre os comportamentos em segurança pode decorrer o baixo grau de controle sobre os resultados das intervenções (prometer resultados que jamais ocorrerão) e da aplicação de técnicas sem o devido preparo profissional (o que pode gerar efeitos colaterais indesejados durante o processo). Outros exemplos de equívocos são a utilização do conceito de **atitude** (tendência a comportar-se de uma determinada forma) como sendo sinônimo de **comportamento** (conjunto de relações que se estabelecem entre o indivíduo e o meio); a nomeação de gestão de aspectos humanos em segurança para referir-se a **comportamento humano**; o estímulo de *feedbacks* entre pessoas despreparadas para tal, que acaba por punir ou expor colegas e subordinados; a aplicação de técnicas de dinâmica de grupo sem a devida preparação técnica e com pouco controle sobre as consequências desse tipo de intervenção, tendo sido registrados até casos de descompensação emocional por parte de integrantes do grupo. Trata-se do cuidado adotado para com as questões éticas e de responsabilidade profissional. Trabalhar com pessoas é, ao mesmo tempo, fascinante e perigoso.

Referindo-se ao uso indiscriminado das estratégias de prevenção relacionadas com os aspectos humanos, Geller (2001), em seu compêndio *Manual de Psicologia da Segurança*, comenta que muitas das estratégias para promover crescimento e desenvolvimento, incluindo mudanças de atitudes e comportamentos, são selecionadas e ouvidas com crença e otimismo por empresários e trabalhadores porque soam bem, e não porquê são estratégias de trabalho com base em conhecimentos científicos. Intervenções dessa natureza deixam para trás um "rastro" de resistências e descrenças para com esse tipo de proposta e, como consequência, dificultam atuações futuras nesse campo, independente da qualificação teórica e técnica apresentada pelo profissional por ocasião de uma nova oportunidade de intervenção. Não são raros os programas de natureza comportamental concebidos e implementados por pessoas com formações profissionais para atuar sobre outros fenômenos que não o comportamento humano. Não significa, porém, preconceituosamente, afirmar que esses profissionais realizarão intervenções equivocadas. Possuir um diploma de Psicologia não garante a efetividade da atuação do psicólogo sobre o comportamento das pessoas. No entanto, é possível afirmar que a probabilidade de sucesso da intervenção de um profissional com apropriados conhecimentos relativos ao comportamento humano é alta.

Os riscos de implementar conceitos e técnicas psicológicas nos processos de intervenção sobre os grupos de trabalhadores sem a devida consciência do alcance das suas implicações podem constituir-se na obtenção de resultados insuficientes, na ausência de alterações nas situações de intervenção, na provocação de situações contrárias aos objetivos propostos (fortalecimento de resistências) e, até mesmo, na influência sobre o desequilíbrio emocional dos participantes do processo. Não se trata de restringir a atuação dos profissionais de outros campos de atuação no que diz respeito à dimensão humana do processo de segurança (isso não seria possível); trata-se de caracterizar a natureza de diferentes tipos de intervenção profissional sobre essa dimensão: a dos profissionais que podem (e devem) utilizar o que há de conhecimento mais recente e confiável na Psicologia para instrumentar sua prática e a dos psicólogos que têm na dimensão humana o fenômeno que caracteriza e justifica a sua atuação profissional de forma central.

Ainda sobre os obstáculos, a crítica sempre presente de que atuar sobre o comportamento humano no trabalho é o mesmo que manipular o trabalhador parece infundada quando se conhece a fundo a análise do comportamento como proposta científica. Skinner (1983), um de seus principais ícones, ainda na década de 70, oferecia argumentos esclarecedores acerca desse tipo de "acusação". Um livro inteiro poderia ser produzido somente apoiado no debate acerca de intervenção sobre o comportamento X manipulação de pessoas. Para o exame aqui apresentado, é suficiente citar Skinner (1983, p. 21): "...estou mais preocupado com interpretação do que com previsão e controle". A utilização da análise do comportamento e suas possibilidades como recurso para o desenvolvimento de uma cultura mais preventiva nos ambientes de trabalho passa, necessariamente, pela participação e pela concessão de poder aos trabalhadores envolvidos. Tal premissa já é, por si só, desarticuladora da ideia de manobrar as pessoas para onde bem se entende sem que elas possam participar com suas próprias opiniões e seus próprios anseios. Se isso fosse fácil e possível, o mundo seria diferente, com certeza.

A noção de comportamento humano

Quando se trata de prevenção de acidentes, grandes avanços relativos a aspectos ambientais, tecnológicos, legais e organizacionais foram alcançados, mas ainda há muito a ser feito, principalmente com relação aos aspectos humanos dos processos de segurança industrial. Autores como Dejours (1999) e Davies e Shackleton (1977) afirmam que o homem é o elemento relativamente estável do processo, pois de nada adianta capacete de última geração se o trabalhador não souber ou não quiser colocá-lo (adequadamente) em sua cabeça. Essa é uma das grandes interrogações do mundo da segurança: o que separa os equipamentos modernos, as orientações dadas nos treinamentos, as normas e procedimentos de trabalho da atuação concreta dos trabalhadores? Quem pode oferecer tal resposta?

Geller (1994), ao referir-se a uma cultura de segurança total, destaca três domínios que requerem atenção para que a segurança seja um valor em uma organização: fatores ambientais (equipamentos, ferramentas, temperatura); fatores pessoais (atitudes, crenças e traços de personalidade); fatores comportamentais (práticas de segurança e de risco no trabalho). Para ele, fatores pessoais e comportamentais representam a dinâmica humana da segurança ocupacional, complementada e inter-relacionada com os fatores ambientais.

Mais do que a ação visível de uma pessoa, o comportamento pode ser entendido como um conjunto de relações que se estabelecem entre aspectos de um organismo e aspectos do meio em que ele atua e as consequências da sua atuação, sendo o meio caracterizado como máquinas, ferramentas, relação com colegas e supervisores, normas e procedimentos, entre outros. O comportamento caracteriza-se por uma relação dinâmica composta por três perspectivas: o que acontece antes da ação desse organismo (ou junto com ela), a própria ação (ou o fazer) e o que acontece depois, como resultado da ação (Botomé, 2001).

A figura 1 apresenta as relações possíveis entre os componentes de um comportamento. Podemos chamar de comportamento todo o processo de inter-relação entre as variáveis, considerando-se as situações, as relações de influência recíproca que se estabelecem entre elas e o que aconteceu como resultado desse processo. Entender o comportamento como uma relação entre a realidade de inserção de uma pessoa, as suas ações perante a realidade e as decorrências de sua ação, criando uma outra realidade, permite afirmar que um profissional, ao agir levando em conta esses três elementos, tem maior probabilidade de gerar resultados relevantes por meio da sua atuação no trabalho (Stédile, 1996). Em segurança, os resultados relevantes de um comportamento são todos aqueles que podemos relacionar com prevenção.

Figura 1 – Especificação dos três componentes constituintes da definição do comportamento como conjunto de relações possíveis entre o que um organismo faz e o ambiente (anterior e resultante da ação) no qual ele faz

Situação	Ação	Consequência
O que acontece antes ou junto à ação de um organismo	Aquilo que um organismo faz	O que acontece depois da ação de um organismo

Fonte: Botomé (2001, p. 697).

Dessa forma, o tipo de comportamento desejável em segurança é aquele que possui como resultado a não ocorrência de doenças e acidentes de trabalho. Uma análise do comportamento de prevenção (um estudo das variáveis que afetam o comportamento em exame) significa identificação das variáveis contingentes às respostas do organismo relacionadas aos riscos presentes, que influem sobre a probabilidade do comportamento ocorrer no futuro. Identificar e analisar aquilo que interfere na ocorrência dos comportamentos de trabalho podem ser uma maneira de conhecer as relações funcionais existentes, que elevam ou que reduzem as probabilidades de ocorrerem acidentes de trabalho.

Comportamento seguro ou comportamento de risco?

Nas discussões no âmbito da segurança no trabalho, utiliza-se, normalmente, a noção de ato inseguro como forma de referir-se aos aspectos comportamentais em segurança, o que já revela a existência de uma tendência de iniciar-se a análise tomando como ponto de partida o erro, aquilo que não se deve fazer. Há dificuldade em pesquisar sobre a noção de comportamento seguro devido à escassez de produções (científicas ou não) que tratem do que se entende por lado oposto do ato inseguro. Deveria esse ser chamado de Ato Seguro?

O comportamento seguro de um trabalhador, de um grupo ou de uma organização, pode ser definido por meio da capacidade de identificar e controlar os riscos da atividade no presente para que isso resulte em redução da probabilidade de consequências indesejáveis no futuro, para si e para o outro (BLEY, 2004). Essa definição é útil à medida que contém em si as principais propriedades do comportamento que produz como consequência a não ocorrência de acidentes. São elas: os verbos que indicam as ações que devem ser realizadas (identificar e controlar), os aspectos do meio que devem receber intervenção (os riscos da atividade), o resultado objetivado para o comportamento (redução da probabilidade de consequências indesejáveis), a relação entre tempo da ação e tempo do resultado (presente e futuro), e os agentes envolvidos (si mesmo e o outro), garantindo-se o caráter, ao mesmo tempo, individual e coletivo desse comportamento.

O chamado comportamento de risco poderia, então, ser definido por meio da relação com sua consequência, que é o aumento da probabilidade dos acidentes ocorrerem em função da influência que exerce sobre as mesmas variáveis. Assim como o acidente de trabalho é um fenômeno multideterminado, os comportamentos relacionados com a segurança também são considerados como determinados por múltiplas causas, internas e externas ao indivíduo. Tal entendimento de que comportamento é algo que existe, ao mesmo tempo, dentro e fora da "pele de cada um de nós", como afirma Skinner (1983, p. 23), torna pouco recomendável a utilização da expressão ato, pois ela remete o exame somente aos fatores externos ou observáveis do comportamento, excluindo os demais fatores também constituintes do fenômeno.

O conceito de comportamento como conjunto das relações entre o que um organismo faz e o meio em que faz permite avançar no entendimento da dimensão comportamental da segurança no trabalho, oferecendo a essa análise um caráter compatível com seu nível de complexidade (que é grande). Dessa forma, os adjetivos **seguro** e **inseguro** podem ser vistos como graus da segurança de um mesmo comportamento, o que significa dispô-los num *continuum* que pode variar do **mais seguro** ao **menos seguro** (ou de risco). Tal compreensão permite examinar a possibilidade de prevenir danos (acidentes e doenças) à saúde como um processo, e não como uma ação fixa. Esse exame permite utilizar os adjetivos **seguro** e **preventivo** para referir-se a comportamentos que resultam na redução da probabilidade de algo indesejável acontecer. Assim, os adjetivos **seguro** e **inseguro** podem ser entendidos como aspectos do comportamento de "trabalhar" de um sujeito.

Figura 2 – Graus das condições
de segurança de um comportamento

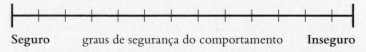

Seguro   graus de segurança do comportamento   **Inseguro**

Fonte: adaptação da autora a partir do esquema de graus das condições de saúde de organismo (REBELATTO; BOTOMÉ, 1999, p. 62).

É possível exemplificar esse processo: quando um motorista desafia, enfrenta, controla, cuida, teme ou evita um grande buraco na estrada, ele está se comportando em relação ao perigo (buraco), e o resultado dessa ação pode caracterizar o risco ao qual ele foi exposto. Se ele evitou passar pelo buraco, é possível considerar que ele comportou-se de maneira segura. Se ele subestimou o tamanho do buraco, dizendo "ele é bem menor do que parece", caiu no buraco e teve seu veículo avariado, é dito que ele comportou-se de maneira insegura. Ato inseguro, atitude preventiva, negligência e imprudência são algumas das expressões comumente utilizadas para qualificar os comportamentos próprios e impróprios das pessoas diante dos mais variados perigos. Evitar o acidente de trabalho é, em última análise, a finalidade do comportamento que recebe o adjetivo **seguro**.

O fator de risco de uma atividade pode ser concebido como a representação de diferentes graus de exposição de um indivíduo a um agente perigoso ou como a probabilidade de ocorrência de consequência indesejável ser reduzida. O conceito de risco está associado à relação entre a frequência da exposição e as consequências que podem ocorrer em função da exposição (CARDELLA, 1999).

Essa exposição depende, diretamente, das condições de trabalho; as quais podem envolver a disponibilidade e a adequação do maquinário, as decisões organizacionais, os procedimentos de trabalho e também o tipo de relação que o trabalhador estabelece com os perigos inerentes à sua atividade. Ações de controle são realizadas por empresas e profissionais da segurança para que a probabilidade de ocorrer acidentes seja reduzida ao mínimo possível. No entanto, muitas das ações de controle necessitam da participação das pessoas para serem efetivas. Não basta estar de posse de um anteparo para impedir que as fagulhas produzidas por uma máquina atinjam os olhos do operador, é preciso posicionar o anteparo entre o centro gerador da fagulha e os olhos para que o resultado aconteça: olhos protegidos de corpos estranhos. Nesse exemplo, assim como em outras atividades consideradas arriscadas, a dimensão comportamental do trabalho seguro pode influenciar nos diferentes graus de segurança possíveis para o trabalhador.

Risco significa a combinação da probabilidade e da consequência de ocorrer um evento perigoso especificado, definição que permite encobrir o exame dos aspectos humanos envolvidos e pode significar a ênfase nos aspectos de natureza estatística dos riscos. Bernstein (1998) afirma que a palavra **risco** é uma derivação italiana antiga para *risicare*, cujo significado resume-se em **ousar**. Sob essa raiz, o risco pode ser examinado como uma opção do ser humano, e não um destino divinamente traçado. Essa compreensão traz à tona a influência decisiva do homem na exposição ao risco e contraria o senso comum da vitimização do homem, que o remete a um papel desprovido de qualquer participação na ocorrência indesejável.

Ao desconsiderar a possibilidade que o homem possui de influenciar nas variáveis que elevam a probabilidade de ocorrer acidentes, é possível dizer também que, em decorrência dessa concepção, o ser humano desconsidera a possibilidade de influir sobre a prevenção dos acidentes. Isso poderia significar que o homem não exerce poder sobre os graus de segurança das suas atividades. A segurança no trabalho como área de conhecimento seria, dessa forma, extinta. Não se trata de culpar o trabalhador da ocorrência de acidentes, mas de identificar os níveis de influência que as pessoas envolvidas na realização de uma atividade arriscada exercem sobre as ocorrências na intenção de tornar possível a reorganização das variáveis presentes. Identificar e rearranjar os aspectos envolvidos permitem agir sobre os determinantes dos problemas antes que eles aconteçam para que não aconteçam, isto é, prevenir acidentes.

Ao sistematizar os conhecimentos provenientes da Análise do Comportamento sobre o que ele chama de reforço negativo condicionado, Skinner (1967) explica que, se houver um estímulo (um sinal) que precede uma situação desagradável, o indivíduo pode perceber o sinal e agir para evitar essa situação. Se o indivíduo fizer isso e, realmente, evitar a situação aversiva, o comportamento de evitar é fortalecido. A seguinte situação pode exemplificar a possibilidade de aplicar o exame do conjunto de relações descrito pelo autor ao exame do problema dos comportamentos para segurança do trabalho. Um trabalhador de manutenção realiza um reparo num equipamento, no qual já realizou reparos em outras oportunidades. Ao testar o equipamento após a intervenção, percebe um ruído grave e baixo, originado da parte inferior do equipamento. Um colega que trabalha num outro equipamento ao lado orienta-o para que desligue imediatamente o aparelho, pois o ruído é um sinal de que poderá haver uma explosão. O colega sabe disso porque, na empresa em que trabalhava anteriormente, um funcionário havia sofrido um acidente ao realizar reparos num equipamento semelhante quando um ruído semelhante ocorreu e foi seguido de uma explosão, ferindo-o gravemente. O trabalhador desliga o equipamento e retoma os reparos para que o problema que causou o ruído fosse descoberto e resolvido. Pode-se dizer que o ruído ajudou o trabalhador a evitar um acidente naquele momento e, possivelmente, ajudará a evitar outros em condições semelhantes.

Considerando a análise sobre a resposta de **evitar**, feita por Skinner (1967), a não ocorrência do aversivo (danos à saúde causados por acidente) tende a enfraquecer, gradativamente, a ocorrência da resposta (desligar o equipamento) que, por sua vez, eleva a probabilidade do aversivo (danos à saúde causados por acidente) ocorrer. O autor ressalta, ainda, que o contato com o estímulo aversivo (sofrer acidente) pode recondicionar o poder do estímulo anterior (ruído grave e baixo) e fazer com que o organismo volte a comportar-se de forma a **evitar** o contato com o aversivo.

Em última análise, é possível afirmar que a ameaça de sofrer acidentes pode ser útil para evitá-los quando o comportamento do indivíduo está sob controle do acidente ocorrido (com ele, com pessoas significativas ou visto por meio de fotos e vídeos). Por outro lado, o fato de, repetidamente, não ocorrer o acidente (como decorrência de evitá-lo de forma efetiva) enfraquece o comportamento de evitar, o que faz com que o ciclo repita-se. Tal fenômeno pode ser representado pelas tradicionais comemorações por período sem acidentes. Dias após o bolo e os balões decorativos, uma sequência de acidentes ocorre, reiniciando o ciclo de investigação, plano de ação para evitar que ocorra novamente, etc. Conhecer as relações que compõem o ciclo analisado possibilita a interpretação de fenômenos como o da alternância entre períodos com e períodos sem a ocorrência de acidentes nas empresas, o da ocorrência de acidentes com funcionários que foram submetidos a muitas horas de treinamentos de segurança e até o do insucesso de campanhas e programas na redução da quantidade de acidentes ocorridos nas empresas.

Assumindo a análise dos aspectos que compõem o processo de **evitar** como ponto de partida, é possível identificar a necessidade de diferenciá-lo do que significa o processo de **reduzir**, uma vez que as duas noções costumam ser utilizadas como sinônimos. O verbo reduzir, que tem como um dos significados "tornar menor", ao ser aplicado ao estudo da segurança no trabalho, pode representar a capacidade de influenciar na probabilidade do acidente ocorrer de forma a torná-la menos provável. A comparação permite afirmar que o processo de redução parece ser mais apropriado como propriedade definidora do comportamento seguro em função da semelhança que apresenta em relação às características definidoras da noção de risco, entre elas a natureza estatística. Considerando que o comportamento seguro ocorre na presença de riscos, é adequado afirmar que esse tipo de comportamento tem como propriedade definidora a sua capacidade de reduzir (e manter baixa) a probabilidade de acidentes para o indivíduo, visto que não seria possível obter o mesmo tipo de consequência de forma duradoura por meio do processo de **evitar**, em função das propriedades que foram descritas.

Ao tratar de forma detalhada da causalidade circular que define o comportamento preventivo, parece importante examinar aquilo que tem sido considerado como prevenção, principalmente por ser este um dos principais paradigmas do campo da saúde e da segurança no trabalho.

Evitamos acidentes ou promovemos saúde?

A característica essencial do fazer prevenção é atuar antes que ocorra o acidente, a fim de impedir sua ocorrência, mesmo em graus mínimos. Por isso, prevenir é diferente de diagnosticar precocemente ou tratar com eficiência. Analogicamente, nem todas as formas de atuar sobre os graus de saúde de um organismo podem ser chamadas de prevenção. Ao proporem essa definição, Rebelatto e Botomé[3] (STEDILE, 1996) sistematizaram

---

[3] REBELATTO, J. R.; BOTOMÉ, S. P. *Fisioterapia no Brasil: fundamentos para uma ação preventiva e perspectivas profissionais*. 2. ed. São Paulo: Manole, 1999.

os diferentes tipos de atuação profissional possíveis em relação aos graus de condição de saúde apresentados. São eles: atenuar, compensar, reabilitar, tratar, prevenir, manter e promover. Sua representação pode ser examinada na figura 3.

Figura 3 – Tipos de atuações profissionais possíveis

Atenuar	Atenuação do sofrimento produzido por danos definitivos nas condições de saúde dos organismos
Compensar	Compensação dos danos produzidos nas condições de saúde dos organismos
Reabilitar	Reabilitação (limitação, redução) de danos produzidos nas condições de saúde dos organismos
Tratar	Recuperação (eliminação) de danos produzidos na qualidade das condições de saúde dos organismos
PREVENIR	**Prevenção da existência de danos nas características das condições de saúde**
Manter	Manutenção de características adequadas nas condições de saúde
Promover	Promoção de melhores condições de saúde existentes

Fonte: STÉDILE (1996, p. 48).

Conforme pode ser examinado na figura 3, prevenir implica em agir em relação aos determinantes dos problemas, e não apenas em relação aos problemas ou suas consequências, o que muda o foco de atuação: do problema existente (o acidente) para fatores que alteram a probabilidade da sua ocorrência (dispositivos de segurança, procedimentos, EPI's, supervisão no caso da segurança no trabalho). Conhecer os tipos de atuação propostos por Rebelatto e Botomé[4] (STEDILE, 1996) permite visualizar equívocos e acertos nos processos utilizados para gerenciar os acidentes de trabalho, uma vez que grande parte das empresas afirma fazer prevenção em segurança apenas calculando taxas de frequência de ocorrências e analisando os acidentes para prevenir a reincidência; tais procedimentos são mais condizentes com os tipos de atuação tratar, reabilitar, compensar e atenuar. As distorções naquilo que se entende como prevenção podem implicar importantes consequências para os resultados de treinamentos e palestras que têm por objetivo ensinar a prevenir.

É possível afirmar que grande parte das estratégias de prevenção adotadas em nível governamental, empresarial e de intervenção profissional (entre as diferentes especialidades do campo da saúde e segurança no trabalho) sustenta-se por meio do paradigma da doença e do acidente, e não da saúde. Correndo o risco da generalização, pode-se considerar que o campo da saúde e da segurança tem se especializado mais em **morte** do que em **vida**. Uma das consequências disso para a segurança comportamental foi uma ênfase nas iniciativas muito mais caracterizada pela descoberta e correção dos comportamentos inadequados do que pela identificação de suas causas e capacitação dos trabalhadores e dirigentes para gerar um ambiente de trabalho saudável. Essa mudança de paradigma é necessária e urgente.

Se prevenir acidentes pode, também, ser considerado um processo comportamental e aprender representa a possibilidade de ocorrerem comportamentos significativos para a segurança dos trabalhadores, é relevante examinar a importância do processo de ensino-aprendizagem para a prevenção dos acidentes de trabalho.

---

[4] *Idem.*

CAPÍTULO 3

O desafio de educar e conscientizar trabalhadores e organizações para a prevenção

Se a educação não pode tudo, alguma coisa fundamental a educação pode.

(PAULO FREIRE)

A educação para a saúde e a segurança é uma das tradicionais estratégias utilizadas em políticas públicas e programas de prevenção de doenças e acidentes relacionados ao trabalho como meio de capacitar trabalhadores. É possível encontrar, no texto das leis que tratam da prevenção de doenças e acidentes, algumas ações educativas obrigatórias (para algumas organizações) como o curso de integração de novos funcionários na empresa, a Semana Interna de Prevenção de Acidentes de Trabalho (SIPAT) com suas palestras e campanhas educativas e até o curso de formação para membros da Comissão Interna para a Prevenção de Acidentes (CIPA). Isso evidencia uma crença coerente dos profissionais do campo da segurança e dos legisladores na importância do papel da educação na melhoria das condições de saúde dos trabalhadores, à medida que o processo oferece a possibilidade real de promovê-la.

É certo que a prevenção dos acidentes e das doenças ocupacionais é a principal via de acesso à mudança deste que se configura como um verdadeiro problema de saúde pública, tanto para o Brasil, quanto para outros países do mundo: o acidente de trabalho. À luz do conhecimento produzido sobre o comportamento humano, é possível afirmar que aprender a comportar-se de forma preventiva (segura) pode ser um dos meios possíveis e eficazes de capacitar o trabalhador para prevenir lesões e doenças relativas ao trabalho, para si e para os colegas com os quais trabalha. Para que seja possível promover o ensino de comportamentos preventivos em segurança do trabalho, é necessário, antes, compreender o que, efetivamente, precisa ser ensinado e aprendido, além da forma como isso pode ocorrer.

Mudança de comportamento

Uma expressão é bastante comum nos debates acerca de aspectos humanos relativos à prevenção de acidentes de trabalho: **mudança de comportamentos**. Tão utilizada e com tantas finalidades que se torna raro chegar a um nível de análise em que os debatedores perguntem a si mesmos: Afinal, o que realmente significa mudar comportamentos? É possível criar um treinamento ou um evento que mude os comportamentos das pessoas? Para Botomé (2001, p. 700), o que pode ser chamado de mudança de comportamento é a possibilidade de fazer novas sínteses comportamentais, isto é, reorganizar as relações que, estabelecidas entre as variáveis, compõem o comportamento de forma a modificar seu resultado; consiste em estabelecer novas relações entre um organismo, o meio em que atua e as consequências da sua atuação. Para que seja possível, é necessário identificar as variáveis das quais o comportamento é função (aspectos internos e externos ao indivíduo que mantém aquele comportamento) e criar condições para que as relações existentes entre elas possam ser reorganizadas, alterando o resultado desse comportamento.

Ao examinar a importância do comportamento humano para a formulação de objetivos organizacionais, Kienen e Wolf (2002, p. 19) afirmam a necessidade de "superar a crença de que as principais variáveis determinantes do comportamento são internas e identificar as variáveis ambientais mais significativas para alterar o comportamento, pois isso constitui um aspecto básico para administrar comportamento humano". Normalmente, o que se observa nas considerações feitas sobre as causas humanas é a forte presença de explicações orientadas para aspectos internos ao indivíduo: falta de percepção de risco, negligência, imprudência, falta de cuidado, falta de atenção, distração, abalo emocional. É certo que, em muitos casos, tais fenômenos estão associados a outros na construção do cenário de um acidente. Por outro lado, eles restringem o exame dos aspectos comportamentais, uma vez que eliminam a possibilidade de considerarem-se os aspectos externos ao indivíduo, mas que também influenciam no comportamento. Tais aspectos do comportamento, que são **externos** ao organismo (estão do lado de fora da pele de cada um), podem ser:

- **interpessoais**: relacionamento com colegas, com liderança, sentimento de pertencer à equipe;
- **ambientais** (ambiente físico): iluminação, equipamentos, piso;
- **da tarefa a ser desenvolvida**: tempo e recursos compatíveis;
- **de gestão**: sistemas de gestão, normas e procedimentos, políticas motivacionais, códigos disciplinares, metas;

Figura 4 – Variáveis "internas e externas" que podem influenciar no Comportamento Seguro

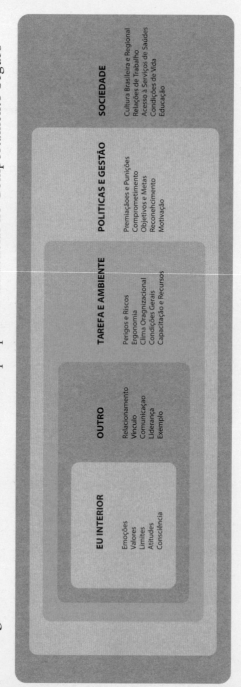

- **sócio-culturais:** condições de vida da população que compõe o grupo de trabalhadores de uma organização, hábitos regionais, valores e tradições culturais.

Muitas tentativas de modificar os comportamentos no trabalho podem ser inúteis se os aspectos do ambiente organizacional não forem considerados, o que caracteriza a complexidade e a diversidade das variáveis que podem influenciar nos comportamentos das pessoas no trabalho; essa análise aplica-se, também, aos comportamentos relativos à segurança.

A mudança de comportamento em segurança pode ser entendida como uma alteração naquilo que o trabalhador consegue produzir na interação com seu meio. Se um indivíduo obtém, como consequência do seu comportamento de trabalhar, alta probabilidade de ocorrer um evento indesejável (acidente) num momento e, no momento seguinte, obtém a redução da probabilidade do evento ocorrer, é possível dizer que esse indivíduo mudou seu comportamento. Essa mudança ocorre em razão da reorganização das variáveis das quais o comportamento é função, o que pode ser decorrência de modificações nos equipamentos, na organização do trabalho, nas normas que regem as atividades e ainda nas estratégias educativas utilizadas pela organização com o propósito de prevenir a ocorrência de acidentes de trabalho. Palestras, treinamentos, cursos, jornais, feiras, peças de teatro são exemplos de estratégias utilizadas com a finalidade de influenciar na conduta do trabalhador com relação à segurança no trabalho. Por outro lado, é preciso examinar de que **forma** e em que **contexto** essas estratégias têm sido utilizadas, uma vez que não podem ser consideradas eficazes em si, mas em função do **resultado** que produzem (aprendizagem) para seus participantes.

Da necessidade de administrar o comportamento humano para evitar os acidentes de trabalho (e da complexidade que isso representa), originou-se a busca por mecanismos capazes de **mudar** os comportamentos das pessoas de modo que eles passassem de condutas pouco seguras para condutas muito seguras na realização das atividades. A discussão sobre métodos eficazes de modificar comportamentos não esteve restrita somente ao mundo do trabalho, mas também aos movimentos sociais, políticos, religiosos e à educação dos filhos: A palmada educa? O castigo é menos traumático? É útil passar pimenta nos dedos para deixar de roer unhas? Esses são questionamentos que pais e educadores fazem, até hoje. Da mesma forma, acontece no campo da segurança: Após quantos atos inseguros flagrados eu devo advertir um funcionário? Se deixar de promover o acidentado a um cargo melhor, diminuem as chances de ele sofrer outro acidente? Como fazer para que todos cumpram as normas de segurança?

Educação por meio de controle ou por meio de escolhas: estratégias para influenciar comportamentos

A ideia do acidente como expressão da qualidade da relação indivíduo-meio evidencia a análise do comportamento humano como uma alternativa para identificar e analisar aquilo que influencia na capacidade de um trabalhador prevenir a ocorrência de danos à sua saúde. Dessa forma, passa a ser possível organizar o ensino de forma a fazer novas sínteses comportamentais, o que caracteriza mudança de comportamento. Se essa mudança for relativamente permanente, é possível dizer que houve aprendizagem (CATANIA, 1999), objetivo principal da capacitação para segurança; os trabalhadores tornaram-se capazes de realizar suas atividades de forma mais segura. No entanto, o que deve ser definido como aprendizagem necessária para que tal capacidade seja desenvolvida? Cumprir regras? Seguir normas e procedimentos? Tomar decisões seguras? Antecipar-se aos problemas? Todas as possibilidades juntas?

Um dos grandes dilemas da educação para a prevenção consiste em encontrar um equilíbrio saudável entre **obedecer a regras** e **agir com autonomia**. Instrutores, gestores, educadores dividem-se nas opiniões acerca do que deve ser aprendido pelos trabalhadores para que sejam capazes de não se acidentar, nem contribuir para o acidente dos colegas. A maior parte dos instrutores e participantes de treinamentos de comportamentos seguros estudados por Bley (2004) afirma ser cumprir normas e procedimentos o objetivo mais importante desse tipo de ação educativa.

Conhecer e respeitar as regras de segurança é importante, mas fazê-lo desprovido de análise pode ser tão arriscado quanto não cumprir as regras, em alguns casos. Ao ter a obediência como objetivo de ensino pode-se incorrer no não desenvolvimento da capacidade do trabalhador em analisar a situação real com a qual está lidando (indispensável para poder se comportar considerando os riscos presentes), e até no prejuízo da sua atuação com relação à criação de meios mais seguros de trabalho devido ao fato de estar condicionado a um único conjunto de regras. O adequado equilíbrio entre a ocorrência de comportamentos controlados por regras e de comportamentos modelados por contingências parece ser um arranjo mais indicado, quando se trata de comportamentos preventivos (SKINNER, 1980, p. 294). Isso significa que ensinar o trabalhador a tomar decisões por meio de escolhas conscientes e de qualidade é tão importante para a educação, para a segurança, quanto deixá-lo ciente das regras que precisam ser seguidas.

Ensinar alguém a trabalhar com consciência de segurança passa, necessariamente, por ensinar esse alguém a conhecer criticamente sua realidade, a fazer escolhas com relação a elas, considerando as consequências para si e para aqueles que o cercam. Assim posto, o processo de conscientização e educação com foco na prevenção não pode ficar restrito ao nível da obediência e do controle. Também não se trata de baderna e subversão, mas sim de um equilíbrio saudável e importante entre autoridade e liberdade (caminho do meio), defendido por sábios e cientistas, de Lao Tsé a Paulo Freire.

Em nome da modificação do comportamento do trabalhador, foram (e são) tomadas providências de diferentes naturezas, que vão da difusão de informações às medidas disciplinares, passando por cursos e treinamentos. Entretanto, ao observarem-se as práticas mais difundidas nas organizações para esse fim, é possível perceber a forte presença de um mecanismo de controle bastante comum na nossa sociedade, o qual pode ser chamado de punição. Multas, castigos, prisão, penitências, censura, desaprovação, desvalorização são exemplos comuns no dia a dia e existem com o objetivo de acabar com a ocorrência de determinado comportamento não aceitável – excesso de velocidade, no caso das multas; assaltos, no caso da prisão. Entretanto, ao observar-se atentamente a realidade, a existência das prisões não fez reduzir a criminalidade, nem as multas acabaram com as infrações de trânsito. Isso acontece porque a punição influencia na diminuição da frequência do comportamento, podendo até levá-la a níveis mínimos mas, ao longo do tempo, ela pode não ser permanente. Quando o efeito passar, o comportamento punido tende a recuperar a frequência antiga. No caso de um técnico de segurança advertir duramente um trabalhador que não esteja utilizando protetor auricular, o trabalhador tende a colocar o equipamento na presença do técnico e a retirá-lo tão logo perceba que o mesmo não está mais presente; isso revela outro aspecto importante sobre a punição: há uma tendência a fazer efeito somente na presença do agente punidor, do técnico, no exemplo.

Avaliar a utilização de punição sob o aspecto da baixa eficiência na mudança de comportamentos não significa que esse mecanismo não tenha função no processo de segurança. Se a situação for considerada crítica, como emergências, falhas e paradas de equipamentos; se for situação atípica, que requeira providências imediatas; ou se for qualquer outra situação de elevado potencial de risco, na qual seja necessário evitar alguns comportamentos que representem alta probabilidade de acidente, o uso desse sistema de controle pode ser recomendável devido ao poder de suspender imediatamente algumas condutas, a fim de que seja possível a preservação da integridade das pessoas envolvidas. Entretanto, é preciso fazer isso sempre considerando e resguardando a dimensão ética do que o fato representa. Advertir uma pessoa ou proibir sua entrada em determinado local onde há perigo é claramente diferente de agredi-la (verbal ou fisicamente) por não ter utilizado uma máscara de proteção contra gases, por exemplo. É evidente que só se justifica tal procedimento quando outros recursos de segurança não tiverem se mostrado eficazes para impedir a ocorrência de um comportamento que represente ameaça eminente às condições de saúde de uma pessoa. Da mesma forma, não é aconselhável a utilização desse procedimento no cotidiano do trabalho porque, além das desvantagens da punição como agente de controle e modificação de comportamentos, submeter os trabalhadores a situações de tal natureza pode gerar efeitos indesejáveis como aumento da ansiedade e do medo, pode gerar raiva, frustração e revolta, pode reduzir a espontaneidade e a criatividade. Conforme Skinner (1967, p. 113), "em longo prazo, a punição realmente não elimina o comportamento de um repertório, e seus efeitos temporários são conseguidos com tremendo custo na redução da eficiência e felicidade geral do grupo".

Ser capaz de comportar-se de forma a reduzir a probabilidade de que um acidente aconteça é o objetivo maior de uma proposta de segurança com ênfase no comportamento humano. Para que isso seja possível, é necessário que as pessoas aprendam a trabalhar considerando algo que não existe, a fim de que ele continue não existindo (o acidente). Como é possível ensinar alguém a se proteger de algo que não existe (acidente não existe até que aconteça)? Uma das formas é criar um sistema de reforço de comportamentos com base no que a Análise do Comportamento chama de reforço negativo do tipo esquiva. Na esquiva, a ausência do evento afeta o comportamento de forma a torná-lo mais permanente, pois afasta o organismo da probabilidade de sofrer consequências indesejáveis; nesse sistema de mudança de comportamentos, a não ocorrência do acidente aumenta a chance do indivíduo comportar-se de forma segura novamente, pois ele não sofreu as consequências desagradáveis do acidente (lesões, dor, sofrimento). **A consequência de um comportamento efetivamente seguro é que nada acontece.**

Apesar de ser um procedimento que tende a ser duradouro, estabelecê-lo representa um elevado grau de dificuldade, pois requer que a instância promotora da mudança (gerências, profissionais de segurança, consultores) avalie e discrimine os aspectos que compõem as contingências (sistema de relações que facilitam ou dificultam a manutenção de comportamentos) e que poderão contribuir para que isso aconteça. Ou seja, sem uma profunda e minuciosa análise de todos os fatores que influenciam no comportamento daqueles indivíduos, naquele grupo, é improvável que se consiga conhecer e controlar as variáveis mais apropriadas para estimular comportamentos preventivos como campanhas, programas motivacionais, códigos de valores e conduta. Catania (1999, p. 121) afirma que isso pode explicar por que medidas de segurança e outros procedimentos preventivos não são modelados naturalmente com muita frequência, o que reafirma a educação como eixo central do processo de prevenção. Uma outra forma de reforçar negativamente um comportamento é aquilo que pode ser chamado de fuga, mas que não se aplica à análise da prevenção porque consiste em eliminar um estímulo aversivo que já está ocorrendo e que, por si só, elimina a possibilidade de **agir antes que aconteça**, que é uma premissa do processo de prevenir. O processo de fuga (em Análise do Comportamento) só é possível quando se trata da análise das causas de acidentes e doenças que já ocorreram.

Um outro processo estudado pela Análise do Comportamento que pode influenciar na ocorrência de comportamentos é o reforço positivo. É diferente do reforço negativo, pois é caracterizado pela apresentação de um estímulo reforçador ao organismo enquanto que o negativo consiste na remoção de um estímulo reforçador. Pode ser observado quando um comportamento tem como consequência um estímulo que o reforça e passa a ocorrer com mais frequência. Sua utilização na criação de condições para a ocorrência de comportamentos desejáveis (no caso da segurança, os comportamentos capazes de prevenir) é possível à medida que são conhecidas as consequências capazes de reforçar tais comportamentos. Essa possibilidade justifica a utilização de recompensas por líderes e organizações na tentativa de estimular os funcionários a conduzirem suas atividades com segurança. O problema é que, em muitos casos, os prêmios, elogios e diplomas de reconhecimento são considerados como recompensas *a priori*, partindo-se do pressuposto que esses tipos de consequências influenciam na ocorrência de comportamentos desejáveis para todas as pessoas.

Bernardo (2001), após realizar um estudo sobre as representações dos trabalhadores de uma indústria química sobre acidentes e contaminações, descobriu evidências de que a empresa utilizava recompensas com o objetivo de fazer com que todos se comportassem da forma como ela estabelecia ser a adequada. A Análise do Comportamento já descobriu (SKINNER, 1967; CATANIA, 1999) que um determinado estímulo que é reforçador para o comportamento apresentado por um organismo pode não exercer o mesmo tipo de influência sobre o comportamento de outro, isto é, aquilo que estimula comportamentos seguros em uma pessoa pode não estimular a mesma conduta em outra.

Conhecendo com profundidade os valores, as necessidades e as características do público a ser gerenciado, é possível construir (ou adaptar) um conjunto de ações mais coerentes, envolvendo estimulação de condutas desejáveis, limitação (de forma saudável e cuidadosa) de condutas indesejáveis, construção coletiva de regras, comemoração de conquistas como a de períodos sem acidentes (reconhecendo como foram construídas, pois não é obra do acaso). Tal aprofundamento na análise permite alcançar o objetivo de tornar o indivíduo mais bem preparado para lidar com os riscos das suas atividades, sem que isso lhe pareça aversivo, difícil ou desagradável, e criar condições pessoais e organizacionais para que ele torne-se o **agente** do seu processo de segurança, e não um expectador. O ajuste das estratégias às características de cada grupo é eficiente uma vez que, quando se trata de comportamento humano, vale a máxima de que **cada caso é um caso**. Isso pode (e deve) ser estabelecido tanto no âmbito dos programas de formação, quanto no dia a dia de trabalho para que seja possível fazer com que a busca pela mudança de comportamento não fique restrita às paredes do centro de treinamento.

Treinamentos e campanhas: dilema entre quantidade e qualidade

As estratégias de aprendizagem e melhoria das condições de segurança de uma indústria precisam ser concebidas, no que se referem ao comportamento humano, com base nas **situações concretas com as quais o trabalhador precisa ser capaz de lidar**. Expor o aprendiz às contingências que estarão presentes nas situações com as quais terá de lidar no exercício profissional eleva a probabilidade desse aprendiz atuar conforme os objetivos comportamentais que orientaram o planejamento do ensino (BOTOMÉ, 1977). Se o processo de capacitação for concebido com base no tipo de trabalho a ser desenvolvido e em seus respectivos riscos, o trabalhador terá mais condições de agir, na prática, conforme aquilo que foi ensinado em sala. Não é o que acontece quando existem caminhoneiros participando de um curso de direção defensiva elaborado para taxistas. Trânsito é trânsito, mas estrada é diferente do centro da cidade, caminhão é diferente de carro. Certamente, algo poderá ser aproveitado, mas uma pequena parte. É necessário que o processo de **levantamento de necessidades**, em treinamento, planejamento do ensino, realização do curso, aplicação do conhecimento desenvolvido, ocorra em convergência com a natureza da atividade do trabalhador e seja apropriado ao seu nível educacional e de experiência profissional. Essa análise permite questionar a utilização de carga horária de treinamento por ano como indicador de desenvolvimento de pessoas. Quando o propósito é garantir a aprendizagem do participante, reduzir o volume e investir na qualidade da estratégia e do instrutor podem produzir resultados mais significativos.

Do outro lado das estratégias educativas, estão a cultura da organização, a natureza do processo produtivo, o estilo de liderança e de relações de poder estabelecidos na organização, os exemplos seguidos, as características do vínculo empregatício, as políticas e estratégias do negócio. Tão importante quanto educar em espaço diferenciado (sala de treinamento, auditório), é ter clareza da importância de **educar no cotidiano**. É muito comum organizações contarem com um baixo nível de eficácia de suas ações educativas, mas isso nem sempre ocorre por má qualidade dos cursos ou dos instrutores. Normalmente, a baixa eficácia das ações de educação está relacionada com a incompatibilidade que elas têm com a cultura e o clima da organização, isto é, trata-se da vida real.

É a antiga (e ainda sem solução) incoerência entre teoria e prática. Na sala de treinamento, o trabalhador aprende que não se deve intervir na máquina quando ela está ligada; porém, ao retornar às atividades, seu supervisor pressiona para ele fazer um reparo com a máquina funcionando mesmo, só desta vez, pois não há tempo, e a produção tem que ser entregue a qualquer preço. É uma pena que quem acabe pagando o preço seja o próprio trabalhador; é ele a vítima da lesão ou do acidente decorrente dessa ação. A partir do momento em que os aspectos externos ao indivíduo forem considerados como parte integrante daquilo que chamamos **comportamento**, será possível começar a desvendar algumas inquietações prevencionistas do tipo: Por que não cumpriu com os procedimentos de segurança? Foi treinado, recebeu óculos de proteção, diz que é importante, mas não usa por quê? Por que razão um sujeito ultrapassa uma barreira de isolamento e entra, sem máscara de ar, num equipamento impregnado de gás tóxico, mesmo após ter assistido a uma palestra sobre o assunto?

A característica **educativa** de uma determinada ação está relacionada a uma intenção de **ensinar** e a um objetivo final de que o público de interesse (o aluno) **aprenda** algo; nesse caso, aprenda a prevenir acidentes de trabalho. Botomé e Kubo (2001) defendem que ensinar (o que o professor faz) e aprender (o que acontece com o aluno como resultado do fazer do professor) são complexos processos comportamentais intimamente inter--relacionados. Segundo os autores, ensinar consiste na relação entre o que o professor faz e a efetiva aprendizagem do aluno; esta, por sua vez, é caracterizada pelo que o aluno é capaz de fazer em seu meio, em decorrência do fazer do professor.

Ao examinar o planejamento e a execução de eventos promovidos com o objetivo de capacitar os trabalhadores para atuarem de forma preventiva, é possível identificar a influência de modelos da educação escolar e a ênfase na **transmissão** de conteúdos e informações. No lugar da ênfase nos conteúdos, pouco efetiva no desenvolvimento de competências, os programas de educação em SST, no Brasil (se estivessem preocupados com o ensino de comportamentos preventivos), deveriam orientar-se para a construção de uma **consciência crítica** que proporcionasse ao trabalhador uma maior capacidade de compreender, criticar e intervir sobre a sua realidade de trabalho, transformando-a. Partindo do princípio que a mudança de comportamento é um dos indicadores da ocorrência de aprendizagem, é possível afirmar que os recursos educativos utilizados para ensinar os trabalhadores a realizarem suas atividades com segurança só poderiam ser assim chamados quando verificada a ocorrência de mudanças no comportamento dos trabalhadores em relação aos riscos das suas atividades. A aprendizagem é caracterizada pela integração de um novo comportamento ao repertório de um organismo (CATANIA, 1999).

Quanto aos tipos de objetivos de ensino, os diálogos de segurança, as abordagens de conscientização, as palestras, os treinamentos, os cartazes e as campanhas são amplamente apresentados como **ações educativas** aos trabalhadores, nem sempre surtindo o efeito desejado. Em muitos casos, parecem ter sido concebidos para **dar ordens** ou **alertar**, no lugar de **educar** o seu público de interesse. Dar ordens e educar são coisas diferentes. Mensagens como: use o cinto, previna-se, cumpra os procedimentos, assim como imagens de olhos perfurados por pregos, pessoas queimadas, carros destruídos acompanhados por sangue no asfalto, são algumas das estratégias utilizadas na tentativa de modificar a postura do trabalhador no que diz respeito à própria segurança. A continuidade das ocorrências da mesma natureza daquelas apresentadas nos cartazes, até nas mesmas organizações em que foram afixados, indica o inexpressivo resultado desse tipo de atuação. Não há dúvida de que consciência, informação, conhecimento e troca de experiências são meios que podem favorecer a aprendizagem para a prevenção, não só no contexto da segurança do trabalho, mas também no trânsito, nas propagandas contra o abuso de drogas ou contra a transmissão da AIDS. O equívoco reside em considerá-los como sendo eficazes por si só, como sendo sinônimos de objetivos de ensino ou de coisas que os aprendizes precisam ser capazes de fazer após o processo ensino-aprendizagem.

Quem são os educadores?
Desafios para a formação profissional

Quando se trata de educação para a prevenção no ambiente de trabalho (industrial, agrícola, comercial, de serviços, na informalidade, entre outros), não é comum que se tenha clareza de quem são os **educadores**. A resposta mais imediata aponta para os instrutores de treinamento. O que não está incorreto, uma vez que são eles que exercem atividades de ensino que mais se assemelham àquelas tradicionalmente conhecidas, como expor ideias, em pé, diante de uma sala cheia, escrevendo num quadro branco afixado na parede. O significado comumente associado à função de educador ainda segue a figura tradicional da professora de crianças pequenas. Somente nas últimas décadas é que o entendimento acerca da figura do educador no contexto do trabalho tem sido ampliado (ainda que discretamente) para elementos como palestrantes motivacionais, especialistas, autores de livros, orientadores de carreira, facilitadores de processos de disseminação de informação.

Entretanto, ao tomar-se o educador por aquele que cria condições para que alguém aprenda e considerando a complexidade do contexto do trabalho, é possível ampliar ainda mais o conceito, afirmando que há muitas formas de atuar como educador numa organização. São considerados educadores aqueles que adentram as salas de treinamento e os auditórios, utilizando-se de exposição de slides e atividades em grupo com objetivo de desenvolver competências específicas. Também são educadores aqueles que definem as políticas de avaliação de desempenho das equipes; assim como o são aqueles que acompanham um trabalhador na realização de suas atividades, orientando para a realização correta do serviço, oferecendo condições apropriadas para sua realização, apontando problemas e auxiliando na construção de soluções que preservem as vidas envolvidas, os equipamentos, e atendendo os prazos acordados, no melhor tempo possível. São educadores aqueles que definem os "rumos do negócio", desdobrando políticas e diretrizes que deverão permear toda a organização, atingindo até a "senhora do cafezinho". Em última análise, é educador no contexto do trabalho todo aquele que se dedicar a favorecer o desenvolvimento pessoal e profissional daqueles que estão a ele interligados, influenciando e sendo por eles influenciado. É preciso ter clareza acerca da complexidade do que é considerado como **educar trabalhadores para prevenção em saúde e segurança** para que seja possível examinar as lacunas do processo e propor meios para seu aprimoramento e sua efetividade.

Ao analisar as características comuns à categoria de **instrutores** de treinamentos e palestras de prevenção, é possível identificar variáveis relevantes para a precisão do processo educativo. De início, basta afirmar que um processo que visa capacitar uma pessoa a prevenir acidentes não tem, necessariamente, as mesmas características de capacitar tecnicamente para operar uma lixadeira. O primeiro ganha contornos bastante complexos quando se consideram os hábitos já sedimentados, a crença na experiência como sendo "vacina para não ocorrer", a tradição da especialidade: "quem é da manutenção não se acidenta". Esses fatores requerem que o planejamento e a execução do processo ensino-aprendizagem ocorram considerando-se o cuidado com variáveis específicas como:

- formação didática do instrutor;
- autonomia de planejamento;
- clareza acerca dos objetivos de ensino (competências e habilidades a desenvolver);
- conhecimento acerca do repertório existente entre os participantes (nível de capacidade de atuar anterior ao evento);
- tempo e método de ensino apropriados aos objetivos;

- recursos materiais e didáticos compatíveis;
- consonância com a cultura da organização e os interesses de ambos os atores (funcionários e direção).

Estudos, como o de Bley (2004), descobriram que, entre as variáveis que têm caracterizado os eventos promovidos pelas organizações com o objetivo de capacitar o trabalhador para atuar com segurança no trabalho, há uma predominância de instrutores (profissionais que coordenam as atividades educativas) com reduzida formação didático-pedagógica para exercerem a função de **educadores**. Em sua maioria, são profissionais com formação técnica (ensino médio profissionalizante) ou superior em áreas técnicas, em segurança do trabalho ou outras especialidades industriais. A reduzida formação didático-pedagógica pode resultar na atuação de instrutores que têm sua prática baseada num misto de experiência profissional, algum talento para a atividade docente e a reprodução criativa de modelos de ensino-aprendizagem que experimentaram quando alunos (Lima, 1999), o que pode não ser suficiente para conduzir um processo ensino-aprendizagem bem-sucedido.

Alguns dos equívocos verificados no estudo quanto ao processo de ensino-aprendizagem em prevenção são: indicação de **meios** para promoção da aprendizagem como sendo os **fins**; uso de enunciados muito genéricos que encobrem amplos conjuntos de comportamentos a serem aprendidos; uso de expressões que se referem à generalização daquilo que foi aprendido (etapa posterior à aprendizagem); e, com grande ênfase, a indicação de objetivos que se referem a comportamentos que não condizem com aquilo que se entende por comportamentos seguros no trabalho. A utilização de objetivos de ensino divergentes no que diz respeito àquilo que se espera como competência a ser desenvolvida pelos aprendizes, em decorrência de participar dos eventos de segurança, pode influenciar de maneira significativa nos resultados esperados e, por conseguinte, prejudicar o atendimento das demandas organizacionais que provocaram a realização dos treinamentos e reuniões de segurança.

As informações apresentadas indicam a necessidade de reformular o processo de capacitação técnica, principalmente nos cursos técnicos em segurança do trabalho, considerando a possibilidade de os alunos virem a tornar-se instrutores. Para os profissionais de outras formações e funções, que atuam como instrutores, podem ser formulados cursos específicos de capacitação para a docência, incrementando a sua atuação como docentes em segurança do trabalho.

O resultado da falta de capacitação pode ser a realização de **eventos educacionais** (treinamentos, palestras, cursos, campanhas) construídos sobre estratégias e técnicas decididas de modo intuitivo e que perseguem objetivos de ensino distorcidos. Não significa, porém, que alguns desses objetivos não possam ser atingidos; o que se questiona é o baixo nível de controle das variáveis que compõem os processos de ensinar e aprender, o qual pode ocasionar decorrências negativas para a qualidade e a efetividade dos eventos.

É preciso investir na formação didática dos instrutores (empregados e terceirizados) e no esclarecimento das tarefas relativas ao ensino de prevenção, sob pena de correr o risco de proporcionar aos participantes condições de aprendizagem insuficientes em relação ao que é preciso aprender para prevenir acidentes. O instrutor que não foi devidamente capacitado para desempenhar o papel de **professor** pode não ser capaz de estabelecer correlação entre o que a ciência entende por **ensinar** e aquilo que ele faz (ministrar evento de segurança). Isso pode ter como consequência a não percepção da correlação existente entre o que representa ser **instrutor** de eventos de segurança e ser um **agente** de ensino, enfraquecendo a estratégia educativa.

O mesmo ocorre com as demais categorias de educadores (diretores, gerentes, supervisores, colegas de equipe) presentes no contexto do trabalho. É necessário que considerem seus processos interativos como oportunidades de ensino-aprendizagem, já que são menos formais, é claro, do que o ambiente de sala de aula, mas não são menos poderosos. O desenvolvimento de competências em segurança e saúde para o fortalecimento de uma cultura preventiva é um processo lento e de longo prazo que depende, essencialmente, de como é conduzido dentro e fora de sala. A preocupação com a prevenção precisa permear o processo de tomada de decisão, as orientações estratégicas, a reunião de análise crítica, as atitudes de cada um, chegando até mesmo às conversas informais, como um elemento transversal no comportamento organizacional. Escrituras orientais antigas (como as do Budismo Tibetano) afirmam que "o verdadeiro mestre é aquele que ensina com as costas", isto é, aquele que ensina vivendo de acordo com aquilo que acredita e prega aos outros.

CAPÍTULO 4

Desenvolvimento de competências preventivas: um estudo com profissionais de manutenção no setor metalúrgico

Mais vale uma cabeça bem feita
do que uma cabeça bem cheia.
(MICHEL DE MONTAIGNE)

Num processo de análise e investigação de acidente de trabalho, qual é a providência geralmente indicada quando é caracterizada a influência humana como uma das causas do ocorrido? Uma vez decretada a **causa** do acidente, os envolvidos no evento, normalmente, têm um destino único: a sala de treinamento. Como verdadeiros instrumentos de correção, os eventos educativos têm sido utilizados na tentativa de tornar os seus participantes mais capacitados para realizar suas atividades, considerando a segurança no trabalho. Entretanto, a grande quantidade de horas despendidas em treinamentos e reuniões de segurança nem sempre demonstra correlação direta com a redução das ocorrências de acidentes verificadas nas empresas.

É possível afirmar que funcionário que tenha passado pelo treinamento em segurança é um funcionário capacitado para prevenir acidentes? As formas pelas quais os eventos de segurança têm sido planejados e realizados permitem produzir os resultados objetivados? Os instrutores que ministram e coordenam os eventos de segurança estão preparados para gerenciar os processos de ensino e de aprendizagem de competências para a prevenção?

Para construir respostas, ainda que incompletas, a essas perguntas é necessário identificar as variáveis que caracterizam o processo de ensinar comportamentos seguros no trabalho para que esse conhecimento possa servir de subsídio para a elaboração de programas de formação e intervenção de natureza preventiva que sejam verdadeiramente educativos, éticos e coerentes com as necessidades de segurança dos trabalhadores.

Diante dos questionamentos, parece oportuno um estudo orientado para identificar **as variáveis que interferem no processo de ensinar comportamentos seguros no trabalho**. Um exame dessa natureza permite detalhar os aspectos que compõem o processo ensino-aprendizagem aplicado à segurança no trabalho visto que, de acordo com o conhecimento sistematizado sobre esses fenômenos, só se pode afirmar que um professor ensinou quando, em decorrência do fazer do professor, ocorreu a aprendizagem do aluno (Botomé; Kubo, 2001). O detalhamento das variáveis presentes no planejamento do ensino, na escolha dos temas, nos critérios de avaliação de aprendizagem, na formulação dos objetivos de ensino, nos conceitos utilizados e em outras etapas da promoção de eventos de segurança poderá oferecer decorrências para a qualidade do que tem sido oferecido como capacitação aos funcionários e também para sua efetividade como recurso auxiliar na gestão da segurança da organização. O conhecimento produzido por meio da análise de processos de ensino de comportamentos seguros permite subsidiar o aperfeiçoamento dos programas de educação, de conscientização e de mudança de atitudes frente aos riscos das atividades de trabalho e também dos profissionais envolvidos na sua realização.

Competência em trabalhar com saúde e segurança

Para a formação de um profissional, os objetivos de ensino podem ser interpretados como **competências** que precisam ser desenvolvidas por meio da participação do aprendiz num processo ensino-aprendizagem. As competências profissionais são definidas por Botomé e Kubo (2002) como graus da capacidade de atuar de um organismo. Sendo assim, é possível afirmar que as competências relacionadas com segurança do trabalho referem-se aos graus da capacidade de um trabalhador de controlar os riscos das suas atividades de modo a reduzir a probabilidade de sofrer acidentes. Serve, portanto, de base para a aprendizagem de práticas mais seguras de trabalho.

Figura 5 – Noção de competência como grau da capacidade de atuar de um organismo

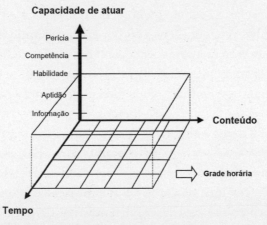

Fonte: Botomé; Kubo (2002, p. 89).

O processo que pretende ensinar os funcionários a se comportar de forma segura parte da definição do que se entende por **comportamento seguro**. Em seguida, é necessário transformar as propriedades essenciais do comportamento seguro em objetivos de ensino. Isso norteará a escolha das condições de ensino mais adequadas ao desenvolvimento das habilidades necessárias à construção desta competência: capacidade de comportar-se no trabalho de forma a reduzir a probabilidade de ocorrer consequências indesejáveis para si e para aqueles com os quais interage, ou seja, comportar-se de forma segura. Assim como as competências, as habilidades são graus de uma determinada capacidade de atuar.

Os objetivos de ensino genéricos, mal definidos, geram dificuldades para a identificação das competências que devem ser aprendidas por um trabalhador e, por consequência, problemas para o controle das variáveis que interferem nos processos de **ensinar** e **aprender**. Os problemas podem ocorrer tanto na clareza sobre aquilo que deve ser ensinado e aprendido, quanto nas decisões sobre os métodos de ensino adequados. Instrutores que não têm clareza sobre o fenômeno que devem ensinar e alunos que desconhecem as propriedades definidoras daquilo que precisam aprender correm o risco de produzirem, juntos, uma sequência de equívocos que pode ser perigosa quando se trata da saúde e da segurança do trabalho que realizam. Sendo assim, descobrir o que instrutores e funcionários entendem por **comportamentos seguros no trabalho** parece ser o ponto de partida para a proposição de enunciados que contenham as propriedades definidoras do fenômeno ao qual se referem e a formulação de estratégias de informação e ensino condizentes com a natureza do que o conceito significa.

A capacidade de atuar de maneira segura, para ser "produzida", necessita mais do que informações a serem transmitidas em um determinado espaço de tempo, como é o caso dos cursos e treinamentos organizados com finalidade de **conscientizar** o trabalhador. Segundo Botomé e Kubo (2002), os conteúdos são insumos de um processo de ensino que tem como produto a aprendizagem, que repercutirá sobre a probabilidade da ocorrência de ações correspondentes dos **alunos** àquilo que foi ensinado. Ou seja, a competência de um operador de empilhadeira em carregar uma carga sem atropelar ninguém ou deixar cair a carga depende não só das informações que ele recebeu no curso técnico ou no de segurança, mas também do fato de ele ter aprendido ou não a operar a máquina de forma segura (sem causar dano à sua saúde, nem à dos colegas). Sendo assim, a competência é um grau da capacidade de atuar do operador que pode ser desenvolvida por meio de um processo de ensino-aprendizagem efetivo.

Um estudo sobre como empresas têm ensinado trabalhadores a comportarem-se de forma segura

Caracterizar as variáveis do processo de ensinar comportamentos seguros é o problema de pesquisa que orientou o estudo exploratório realizado por Bley (2004) em duas empresas do setor metalúrgico, situadas em diferentes municípios da região metropolitana de uma grande cidade do Estado do Paraná. As empresas foram escolhidas em função de atuarem no mesmo setor produtivo, de apresentarem semelhante nível de risco e de possuírem programas e ações de gerenciamento de segurança além dos estabelecidos pela legislação.

Foram estudados três tipos de eventos de segurança, compostos por uma unidade de ensino (encontro), divididos em Treinamento de Comportamentos Seguros (tipo A), Treinamento de Integração de Novos Funcionários (tipo B) e Reunião Semanal de Segurança (tipo C). Foram escolhidos em função de apresentarem como um dos temas ou objetivos de ensino o **comportamento seguro** e de terem sido realizados entre os meses de junho e outubro de 2003, período da coleta de dados.

Os procedimentos de coleta de dados utilizados foram caracterizados por meio da análise de documentos relacionados com políticas e processos de gerenciamento de segurança das duas empresas, observação direta dos eventos (condições, recursos, atuação dos instrutores e participação dos funcionários) e entrevistas com instrutores e participantes.

Dentre os sujeitos das entrevistas, estavam cinco instrutores, sendo quatro funcionários permanentes das respectivas empresas e um prestador de serviço. No que diz respeito à formação, 60% apresentou formação específica para atuar como instrutores (curso de Técnico de Segurança). O outro conjunto de entrevistados foi composto por 20 funcionários das duas empresas, escolhidos em função de terem participado de um dos eventos, realizarem tarefas ou desempenharem funções relacionadas com manutenção de equipamentos e manifestarem disponibilidade para ser sujeito da pesquisa durante o período de tempo estipulado para a coleta dos dados. Da amostra de participantes, 65% tinha a manutenção como função principal na empresa. Os demais ocupavam funções operacionais apesar de realizar, em suas rotinas, algumas tarefas relacionadas com a manutenção industrial. De acordo com a natureza dos processos das duas empresas, as especialidades de maior ocorrência entre os entrevistados foram manutenção elétrica e mecânica. As entrevistas ocorreram em diferentes momentos, num período que compreende desde as primeiras horas após o evento educativo até dois meses depois de ocorrido.

Para cada um dos três procedimentos de coleta de dados (caracterização por meio da análise de documentos, observação direta e entrevista), foram desenvolvidos protocolos de registro com base num quadro de variáveis consideradas como necessárias para responder ao problema de pesquisa. Na caracterização, foram utilizadas fichas de registro; nas observações diretas, o instrumento de coleta foi um roteiro de observação; nas entrevistas, foram utilizados dois roteiros de entrevista semiestruturados, sendo um para instrutores e um para participantes.

Os dados coletados foram tratados e categorizados em função dos aspectos necessários à caracterização das variáveis relacionadas com ensino de comportamentos seguros no trabalho. As categorias foram organizadas em função da distribuição das proporções nas quais ocorreram em cada uma das variáveis examinadas.

Fatores críticos para o processo ensino-aprendizagem em prevenção

Quais os aspectos que merecem ser examinados para que seja possível identificar as condições de aprendizagem oferecidas aos funcionários sobre saúde e segurança no trabalho?

O conhecimento produzido e sistematizado sobre o processo ensino–aprendizagem permite destacar aspectos relacionados com o planejamento e a realização das condições de ensino que tendem a favorecer a aprendizagem.

a) O que precisa ser ensinado: os objetivos de ensino

No exame dos eventos de segurança estudados, houve a necessidade de derivar os objetivos de ensino do material coletado devido ao fato dos instrutores não terem sido observados apresentando os objetivos de ensino aos participantes (ver tabela 2). A natureza dos objetivos derivados remete à mudança de comportamentos relacionados com segurança, adequação do trabalhador às normas da empresa e ampliação do rol de conhecimentos sobre prevenção de acidentes.

Os objetivos de ensino (competências a desenvolver) extraídos dos materiais apresentados caracterizam-se pela generalidade do que pretendem oferecer como aprendizagem aos participantes. Os instrutores, quando questionados sobre o que os participantes deveriam ser capazes de fazer após participarem dos eventos, responderam com expressões como: "mudar o comportamento e as atitudes", "obedecer aquilo que foi dito em sala" e "atuar com segurança na área". Isso permite inferir que os mesmos realizaram os eventos de posse de propósitos que levaram em conta a segurança, mas que foram operacionalizados sem considerar, em boa parte, o conhecimento já produzido sobre ensino por competências e didática.

Partindo do pressuposto de que o principal objetivo de ensino de um evento de segurança com foco em mudança de comportamento seja **desenvolver, em algum grau, comportamentos seguros**, tornou-se fundamental conhecer aquilo que os instrutores e também os participantes entendiam como sendo sinônimo de **comportamento seguro**. Ao comparar respostas coletadas nas entrevistas feitas com funcionários e instrutores dos treinamentos, é possível observar (tabela 1) os resultados da análise de conteúdo das respostas à seguinte pergunta: "O que significa, para você, comportamento seguro?".

Tabela 1 – Comparação das respostas de instrutores de treinamento de segurança de duas indústrias metalúrgicas e funcionários participantes dos mesmos treinamentos, quando perguntados sobre o que entendem por "comportamento seguro"

Tipos de concepções sobre comportamento seguro no trabalho	Funcionários (n=20)	Instrutores (n=5)	Percentual sobre o total Funcionários	Percentual sobre o total Instrutores
Trabalhar com cuidado e atenção	10	0	18%	–
Obedecer às normas de segurança	8	4	15%	40%
Ter atitude consciente e agir com bom senso	7	2	14%	20%
Trabalhar com foco na segurança	6	2	12%	20%
Usar Equipamento de Proteção Individual (EPI) e Equipamento de Proteção Coletiva (EPC)	4	1	7%	10%
Não cometer "atos inseguros"	4	0	7%	–
Saber trabalhar sob pressão e receber críticas	3	0	5%	–
Cuidar dos colegas	3	0	5%	–
Ter conhecimento técnico do trabalho a ser realizado	3	0	5%	–
Analisar os riscos das tarefas	2	0	4%	–
Participar de reuniões e treinamentos de segurança	2	0	4%	–
Preocupar-se com a própria segurança e aprender com exemplos	1	1	2%	10%
Nunca achar que sabe tudo	1	0	2%	–
Total de Ocorrências	54	10	100%	100%

Fonte: dados coletados na pesquisa.

O objetivo do questionamento foi realizar dois tipos de comparação: a primeira entre as concepções de **educadores** e **aprendizes** para identificar em que medida houve aprendizagem; a segunda entre todas as concepções apresentadas pelos entrevistados e o conceito de comportamento seguro apresentado como referencial para a pesquisa.

Os dados da tabela apontam divergências entre o que os funcionários e os instrutores entendem por comportamento seguro. Uma das evidências disso é que o tipo de definição do que se entende por comportamento seguro que mais ocorreu entre os funcionários (trabalhar com cuidado e atenção) não foi sequer indicado pelos instrutores, em nenhuma proporção. O que os instrutores e funcionários consideram como significado de **comportamentos seguros** é divergente entre si e também está distante do conceito. Além disso, os dados confirmam o alto grau de generalidade dos termos utilizados tanto por instrutores, quanto por funcionários, para definir o conceito, o que permite afirmar que há pouca clareza sobre as propriedades que caracterizam o comportamento seguro, e isso pode causar prejuízo ao processo de capacitação das pessoas para prevenir acidentes de trabalho.

O fato dos funcionários, que participaram dos eventos de segurança, referirem-se, em sua maioria, ao conceito de comportamento seguro como sendo "trabalhar com cuidado e atenção" caracteriza o grau de generalidade com o qual esses trabalhadores lidam com a dimensão preventiva do comportamento de trabalhar. Expressões como **cuidado** e **atenção** oferecem pouca informação a respeito das propriedades essenciais do processo de prevenir acidentes considerando o comportamento daquele que executa as tarefas consideradas **de risco**. Quanto maior a amplitude da representação de um conceito, menor a quantidade de informações que apresenta sobre o que caracteriza o fenômeno ao qual se refere. Portanto, para que seja possível definir aquilo que precisa ser ensinado para que o aprendiz seja capaz de prevenir, é preciso rever o alto grau de generalidade apresentado pelos termos utilizados para se referir ao comportamento de prevenir acidentes. Diante dos termos utilizados pela maioria dos funcionários para conceituar comportamentos seguros no trabalho, é possível perguntar: Se os aprendizes não são capazes de identificar, na sua conduta, os aspectos que caracterizam o trabalho seguro, serão eles capazes de comportar-se de acordo com os fatores necessários à prevenção dos acidentes de trabalho?

Da mesma forma, se os instrutores não são capazes de definir com precisão as propriedades essenciais do tipo de comportamento que devem ensinar, há grande chance de não se obter o resultado esperado do treinamento. Nos casos estudados, considerando-se a análise do comportamento e os princípios do processo ensino-aprendizagem, é pouco provável que os funcionários que participaram dos referidos treinamentos passem a se comportar de forma segura devido ao fato de terem participado dos eventos.

b) Como ensinar: a escolha dos métodos de ensino

Na tabela 2, estão apresentados os aspectos considerados importantes sobre o planejamento educacional dos eventos de segurança, distribuídos conforme os instrutores que ministraram os eventos e as empresas nas quais ocorreram. Os dados relativos aos tipos de objetivos de ensino, os procedimentos de ensino utilizados, as unidades, os tipos de atividades desenvolvidas pelos alunos e a verificação formal da aprendizagem derivam da observação direta dos eventos de segurança e servem para ilustrar a apresentação dos tipos de eventos estudados.

Tabela 2 – Apresentação dos aspectos do planejamento educacional observados diretamente relativos aos eventos de segurança ministrados por 5 instrutores nas empresas 1 e 2

Aspectos observados	Empresa I		Empresa II		
	Instrutor		Instrutor		
	1	2	3	4	5
Tipos de objetivos de ensino que foram extraídos do material apresentado	Corrigir atitudes e comportamentos; enfocar ato e condição insegura.	Integrar novos empregados e prestadores de serviço, apresentando informações sobre segurança.	Integrar novos empregados, apresentando informações sobre segurança.	Trocar informações e experiências com os colegas sobre prevenção de acidentes.	Trocar informações e experiências com os colegas sobre prevenção de acidentes.
Procedimentos de ensino utilizados	Apresentar slides e comentários sobre eles; experimentar EPI; repassar materiais para que os participantes os manuseiem.	Apresentar slides e comentários sobre eles; demonstrar EPI, filme institucional; fazer perguntas aos participantes; usar exemplos práticos.	Apresentar temas, apontamentos em *flip chart*, vídeos de segurança; demonstrar uso de extintor de incêndio.	Expor um caso real de acidente.	Expor o assunto; coordenar discussão em grupo.
Tipos de atividades desenvolvidas pelo aluno	Assistir a explicação; responder às perguntas do instrutor; ser informado sobre usos adequados e inadequados de alguns EPIs.	Assistir a explicação; responder às perguntas do instrutor; ser informado sobre usos adequados e inadequados de alguns EPIs.	Assistir a explicação; responder às perguntas do instrutor; assistir aos vídeos de segurança.	Assistir a explicação do instrutor.	Assistir a explicação do instrutor; discutir o assunto.
Verificação formal da aprendizagem	Não há.	Não há.	Não há.	Não há.	Não há.

FONTE: dados coletados na pesquisa.

Ainda sobre os dados da tabela 2, **apresentar** e **expor** são aspectos evidentes entre os procedimentos de ensino utilizados pelos instrutores, o que evidencia a ênfase dada à atuação do professor no processo de ensino dos eventos estudados. A preocupação com aquilo que o professor faz no processo ensino-aprendizagem não assume conotação negativa à medida que o processo de ensinar caracteriza-se por aquilo que o aprendiz passa a ser capaz de fazer em decorrência do fazer do professor. Por outro lado, a ênfase na atuação do professor em detrimento da atuação no aluno no contexto do processo ensino-aprendizagem pode significar a repetição do padrão do **professor ensina, aluno aprende**, o que reduz a complexidade do processo de ensinar e aprender, relegando ao aprendiz um papel caracterizado pela passividade (Botomé; Kubo, 2001). A participação ativa do aprendiz pode ser um importante fator de efetividade do processo, elevando as chances de aplicação daquilo que foi aprendido no evento no dia a dia de trabalho.

A utilização de demonstrações de equipamentos e os breves debates parecem ser utilizados numa tentativa (que pode ser equivocada) de conferir ao evento um pouco daquilo que muitos chamam de **parte prática**. Equivocada à medida que levantar da poltrona e fazer algo que utilize partes do corpo pode não expor o aprendiz às contingências necessárias à experimentação e treino de condutas adequadas às necessidades de ensino que motivaram a realização do evento, fazendo com que o aprendiz finalize sua participação no evento sem que a **aprendizagem** daquilo que é realmente importante tenha ocorrido. Como afirma Freire (1996, p. 106), "é decidindo que se aprende a decidir". Outro dado que merece destaque é que, apesar das atividades propostas pelos diferentes instrutores serem semelhantes, os objetivos de ensino e a natureza dos eventos são diferentes, o que pode indicar um baixo nível de adaptação dos planos de ensino às características do público ao qual se destina.

A comparação entre o produto final e o tempo destinado à realização dos eventos de segurança, pode indicar incompatibilidade com a promoção das aprendizagens necessárias à obtenção das competências que motivaram sua realização. De acordo com a quantidade de comportamentos que deveria ser aprendida para que as competências indicadas fossem desenvolvidas, seria preciso promover uma quantidade maior de unidades de ensino (módulos) para dar conta de proporcionar tamanho feito.

Sobre a avaliação da aprendizagem dos participantes, o estudo permite apontar uma certa ênfase dada aos procedimentos de avaliação que ocorrem após a realização dos eventos. Essa avaliação costuma ser feita de modo informal e utilizando critérios subjetivos, o que reduz as possibilidades de verificar a eficácia da aprendizagem em bases objetivas. Os instrutores sem formação técnica apresentaram maior convergência entre os objetivos de ensino propostos (competências) e a observação dos comportamentos dos participantes durante e após o evento. Isso pode indicar a importância da aproximação entre os processos de identificação de necessidades de aprendizagem e de escolha dos meios pelos quais a demanda será atendida.

c) Ensinamos segurança por meio da insegurança

Um exame dos exemplos oferecidos pelos instrutores durante os eventos de segurança estudados chama a atenção para o fato de que os meios utilizados para proporcionar a aprendizagem da **segurança** tendem a apresentar características contrárias ao seu objetivo central. Os exemplos coletados foram tratados por meio de análise de discurso e classificados em categorias de ocorrências, considerando-se a semelhança existente entre eles em decorrência da natureza que os caracterizavam. As duas categorias principais receberam as denominações **comportamentos seguros** e **comportamentos de risco** em função dos tipos de consequências (positivas e negativas) evidenciadas pelos instrutores para as condutas exemplificadas. As categorias secundárias (subdivisões das categorias principais) foram constituídas em função do exame da natureza de cada um dos exemplos coletados.

É possível constatar que 80% dos exemplos referem-se àquilo que pode ser considerado "comportamento de risco". Isso indica uma tendência à utilização de exemplos de comportamento considerado **inseguro** com maior frequência, em detrimento de exemplos de comportamento **seguro**. Independente do instrutor, do formato do treinamento e dos participantes, os exemplos relativos àquilo que não deve ser feito permitem caracterizar as bases sobre as quais a capacitação dos trabalhadores tem sido promovida, isto é, os instrutores têm utilizado a insegurança para (tentar) ensinar a segurança. Como é possível só falar de comportamentos **errados** num evento especialmente desenvolvido para ensinar às pessoas a maneira **correta** de se comportar?

Tabela 3 – Natureza, quantidade de ocorrências e proporção dos exemplos oferecidos por instrutores durante os eventos de segurança observados diretamente, os quais indicam a necessidade de apresentar comportamentos seguros no trabalho

Evento	Categorias de exemplos que se referem a Comportamentos Seguros	n	Categorias de exemplos que se referem a Comportamentos de Risco	n
A	Relato de tipos de condutas que contribuíram para reduzir acidentes.	1	Relato de acidentes para recomendar condutas que devem ser adotadas.	4
			Suposições sobre a influência de causas humanas no risco de acidentes.	2
			Referência a condutas inseguras.	1
			Orientações genéricas sobre como proceder para reduzir riscos.	1
			Referências ao tratamento de problemas já instalados.	1

Evento	Categorias de exemplos que se referem a Comportamentos Seguros	n	Categorias de exemplos que se referem a Comportamentos de Risco	n
B	Correlação dos comportamentos seguros com exemplos positivos externos ao trabalho.	3	Relato de acidentes para recomendar condutas que devem ser adotadas.	7
	Relato de tipos de condutas que contribuíram para reduzir acidentes.	1	Ênfase nas perdas que o trabalhador poderá sofrer se ocorrer um acidente (saúde, emprego, amigos, família).	6
	Indicação de comportamentos desejáveis.	1	Referência a condutas inseguras.	3
	Evidências do compromisso da liderança com a segurança.	1	Orientações genéricas sobre como proceder para reduzir riscos.	2
			Ênfase no cumprimento de normas e regras.	1
C	Indicação de comportamentos desejáveis.	1	Orientações genéricas sobre como proceder para reduzir riscos.	2
			Relato de acidentes para recomendar condutas que devem ser adotadas.	1
			Referência a condutas inseguras.	1
			Enfatizar as perdas que o trabalhador poderá sofrer se ocorrer um acidente (saúde, emprego, amigos, família).	1
			Ênfase no cumprimento de normas e regras.	1
	Total de ocorrências	8	Total de ocorrências	34
	Proporção do total	0,20	Proporção do total	0,80

A = Treinamento de Comportamentos Seguros
B = Treinamento de Integração de Novos Funcionários
C = Reunião Semanal de Segurança

FONTE: dados coletados na pesquisa.

A observação dos exemplos apresentados nos eventos de segurança permite questionar se a utilização dessa forma de representar a importância da prevenção estaria relacionada a um tipo de expectativa por parte do instrutor de que, ao conhecer ou relembrar as possíveis consequências de um comportamento de risco, o aprendiz escolheria comportar-se de forma segura para evitar ser acometido pelos mesmos resultados. Skinner (1967), ao examinar a esquiva (mudar o comportamento para evitar consequências ruins) como forma de promover mudança de comportamento, afirmou que é alta a probabilidade de, passado o efeito (o susto, a comoção) da tragédia apresentada ao aprendiz (a foto de acidente, o contraexemplo), ele retorne ao seu padrão de comportamento anterior à exposição, pois as contingências presentes no seu meio de trabalho, que favorecem o seu comportamento de risco, permanecem inalteradas.

O predomínio do contraexemplo (casos de acidentes e de condutas de risco), da sinalização de consequências negativas e da ênfase no cumprimento de regras como meios para produzir aprendizagens de comportamentos preventivos representa a utilização de modelos de aprendizagem marcados pela punição e pelo reforço negativo (fuga e esquiva), o que implica nas decorrências já descritas por Skinner (1967) e Sidman (2001) sobre os aprendizes, que são: a baixa durabilidade da conduta aprendida (volta logo ao que fazia antes), a apresentação da conduta desejada somente mediante a presença do "agente punidor" (só cuida quando o líder está por perto), a redução da criatividade e dos níveis de felicidade do aprendiz (sente-se ameaçado) e a dificuldade do aprendiz em generalizar o que foi aprendido para outras situações devido ao caráter mecânico do cumprimento de regras. Criar condições para que os participantes aprendam a comportar-se de forma segura deveria ser o foco de um evento de segurança que tem esse tipo de comportamento como objetivo e, para que isso seja possível, é necessário que modelos de aprendizagem que utilizem, com maior frequência, o reforço positivo sejam utilizados pelos instrutores. Isso inclui apresentar exemplos de condutas seguras em maior quantidade e proporção, caso o propósito seja educar para a prevenção de doenças e acidentes de trabalho.

A escolha do método de ensino implica em consequências significativas para aquilo que precisa ser produzido como resultado do processo de ensinar. Parece oportuno perguntar: Quais critérios têm servido como orientações para tomar decisões sobre o método que deverá ser realizado? O método escolhido é capaz de proporcionar condições adequadas à aprendizagem das competências definidas nos objetivos de ensino?

A natureza dos critérios indicados revela que os instrutores, de modo geral, tendem a planejar o ensino escolhendo a partir de preferências pessoais, utilizando métodos **prontos** ou **copiados** de outros eventos ou escolhendo em função das preferências pessoais. São formas de escolher que tendem a desconsiderar as características essenciais dos participantes, dos objetivos de ensino e da demanda a partir da qual o evento foi planejado e realizado, comprometendo a obtenção dos resultados esperados. É preciso considerar as características dos aprendizes e dos objetivos de ensino como ponto de partida para planejar o método e realizar o ensino (Botomé; Kubo, 2001).

As expressões e exemplos apresentados por instrutores durante a realização dos eventos e as concepções relatadas por instrutores e funcionários em resposta ao questionamento sobre o significado do conceito **comportamento seguro no trabalho** evidenciam lacunas importantes para a construção de uma cultura de segurança no trabalho. Dessas lacunas, decorrem problemas para os programas de conscientização e educação, para a gestão dos comportamentos em uma organização e, principalmente, para os possíveis resultados sociais sob a forma de prejuízos à integridade dos trabalhadores e implicações econômicas para pessoas, empresas, governo e sociedade.

Conclusões do estudo

O estudo das variáveis que caracterizam o processo de ensinar comportamentos seguros no trabalho passou pelo exame dos meios e critérios utilizados pelos **agentes do ensino**, nesse caso instrutores dos eventos de segurança estudados, para planejar e realizar o ensino de comportamentos seguros. Podem ser consideradas como variáveis definidoras dos processos de **planejar** e **realizar** o ensino de comportamentos seguros as informações que serviram como ponto de partida para o planejamento, a escolha dos recursos (didáticos, físicos e ambientais), a escolha de temas abordados e métodos de ensino, os procedimentos de avaliação da aprendizagem dos alunos, os tipos de objetivos de ensino e as características da formação dos instrutores para desempenhar a função de **professor**. Naturalmente, esse conjunto, apesar de complexo, não esgota todas as variáveis relevantes. Elas podem variar em função do tipo de atividade, dos riscos presentes, do modelo de ensino que se pretende utilizar.

Uma das análises mais significativas para esse estudo é orientada pelo dado revelador de que aquilo que instrutores e funcionários consideram como conceito de **comportamentos seguros no trabalho** apresenta divergências. Quando se trata de um processo ensino-aprendizagem de comportamentos seguros, tais divergências podem representar sérias consequências sobre o resultado do processo.

O uso excessivo de regras, de acidentes e de contraexemplos (o que não deve ser feito) como forma de aprender confirma a inadequação de alguns dos procedimentos apresentados para o contexto do ensino de comportamentos seguros. Para os instrutores estudados, cumprir regras é uma espécie de pré-requisito para que o sujeito possa se comportar de forma segura. Almeida (2001) concluiu, ao estudar análises de acidentes e ações educativas para segurança, que os materiais educativos utilizados podem estimular o medo dos trabalhadores em sofrer lesões e levar à atribuição de culpa ao acidentado pela ocorrência do acidente do qual foi vítima. Tais afirmações permitem perguntar: Por que se utiliza a insegurança para ensinar segurança? Quais os efeitos de se utilizar a doença como meio para ensinar a saúde?

Ter o conceito de **comportamento seguro** como objetivo de ensino é um fator central na concepção de programas educativos focados no desenvolvimento de competências para a segurança no trabalho. No entanto, esse e outros estudos têm evidenciado algumas distorções no encaminhamento dos processos de treinamento que podem acabar por comprometer, em algum nível, sua efetividade. Da mesma forma, o planejamento e a realização do ensino, quando são incoerentes com as competências adequadamente definidas, podem resultar em comprometimento da modificação das práticas de segurança dos trabalhadores ao realizar suas tarefas. Questionar a respeito do quê e de que forma tem sido ensinado aos trabalhadores sobre comportamentos seguros no trabalho parece ser um importante ponto de partida para as empresas na busca pela capacitação de seus funcionários em segurança do trabalho. Também para a formação de profissionais para atuar em indústrias de alto nível de risco, é pertinente a utilização das variáveis que caracterizam o processo de ensinar comportamentos seguros como insumo para avaliar a qualidade e a efetividade de seus programas e de suas políticas.

O estudo permite inferir a existência de lacunas entre aquilo que um professor precisa ser capaz de fazer para promover o **ensino** (competências para ensinar) e as características da formação profissional daqueles que exercem a função de instrutores dos eventos de segurança. Tanto os instrutores com formação técnica em segurança do trabalho, quanto os funcionários de operação e manutenção que ministraram eventos e não tinham formação em segurança apresentaram desempenhos considerados incompatíveis com aquilo que já é conhecido em didática e programação de ensino. No entanto, ao comparar os dois grupos, os profissionais formados em segurança apresentaram desempenhos mais próximos do que pode ser chamado de **ensinar** do que os profissionais sem a formação técnica em segurança. Mais uma vez, é reforçada a necessidade de investimento na formação didática dos **educadores para o trabalho seguro**.

Arouca (2003), ao discorrer sobre a importância estratégica da manutenção para a competitividade das empresas, afirma que a capacitação é um elemento fundamental na determinação dos níveis de qualidade dos trabalhos realizados por profissionais da função de manutenção, principalmente no que diz respeito à gestão das falhas. É importante ressaltar que falhas e acidentes, geralmente, são originários das mesmas disfunções organizacionais. Tal contribuição corrobora para aferição do grau de importância que o desenvolvimento de competências preventivas pode representar para o gerenciamento das perdas, tanto humanas quanto de processo e de equipamentos, no contexto da manutenção industrial. Uma maneira de evidenciar a possibilidade de aperfeiçoamento dos serviços realizados por profissionais de manutenção, também por meio da capacitação para a segurança, é apresentada na tabela 4. Nela, é possível examinar um exemplo de Análise Comportamental daquilo que é entendido como sendo **comportamento seguro**, constituído com objetivo de identificar as competências intermediárias que poderão servir de ponto de partida para o planejamento do ensino desse tipo de competência para a realização de uma atividade de manutenção de equipamentos.

O enunciado dos comportamentos intermediários apresentados (de primeiro nível) permite levantar hipóteses a respeito dos efeitos significativos que tais competências poderiam gerar no gerenciamento de aspectos considerados como sendo **técnicos** da lida com as falhas e as perdas em manutenção. É possível afirmar que as propriedades essenciais que caracterizam um comportamento considerado **preventivo** ou **seguro**, do ponto de vista da segurança industrial, são fortemente semelhantes àquelas que definem um comportamento preventivo no que diz respeito ao funcionamento de um equipamento ou processo produtivo. Em última análise, um profissional competente para desenvolver suas atividades sem sofrer ou provocar acidentes de trabalho tende a experimentar alta probabilidade de conseguir reduzir as chances de provocar erros e falhas decorrentes de suas ações, o que caracteriza o processo de capacitação em segurança como sendo vantajoso também para a atuação técnica dos profissionais de manutenção e para seus resultados no âmbito da organização.

Tabela 4 – Exemplo de análise comportamental para derivação de competências intermediárias que servirão de base para o planejamento do ensino de comportamento seguro numa atividade de manutenção de equipamento

Competência geral que precisa ser ensinada	Competências intermediárias (Primeiro nível de análise)
Comportamento Seguro ao realizar manutenção de equipamento	Maximizar as condições de segurança no planejamento de uma tarefa a ser realizada.
	Executar uma tarefa planejada com segurança.
Definido por "ser capaz de realizar a atividade de forma a reduzir a probabilidade de acontecer consequências indesejáveis no futuro, para si e para os colegas".	Avaliar o processo de execução da tarefa em termos de seus riscos e os comportamentos apresentados em relação a eles.
	Aperfeiçoar execuções de tarefas a partir da avaliação feita.
	Comunicar descobertas feitas sobre a execução de tarefas no que se refere aos comportamentos seguros envolvidos nessas tarefas.

Fonte: dados coletados na pesquisa.

Conhecer como acontece o ensino da prevenção é importante para que as organizações possam desenvolver estratégias que contribuam para aumentar a efetividade das intervenções educacionais. Estas, se forem somadas às mudanças organizacionais e até governamentais, podem favorecer a transformação de um discurso sobre prevenção em uma realidade, contribuindo para a construção de padrões comportamentais de alto nível no que diz respeito à segurança e para uma **humanização** das condições de trabalho oferecidas. Botomé e Kubo (2001, p. 148) consideram que "um processo de humanização está assentado na capacidade de uma pessoa interagir com seu meio, e essa capacidade pode, exatamente, constituir o que é alvo (ou objetivo) do ensino (ou de ensinar)".

A partir da identificação do que é importante para a melhoria da qualidade do ensino e da contribuição dos processos educativos para a prevenção de acidentes (erros, perdas, falhas), torna-se possível a revisão de propostas antigas e a produção de novas propostas de ensino que oportunizem ao trabalhador condições de aprender aquilo que é essencial à preservação da sua integridade e também da produção. O planejamento dos programas de treinamento e de comunicações de natureza preventiva precisaria levar em conta não só o conhecimento já produzido sobre a área e as normas que o trabalhador deve cumprir, como também os aspectos presentes na cultura e no clima de segurança da empresa, as características regionais que extrapolam os muros da fábrica e, principalmente, as situações com as quais ele lida no cotidiano e que constituem, ao mesmo tempo, sua atividade e sua ameaça. Competência tem a ver com capacidade de agir no mundo, e não só com a quantidade de informações que o indivíduo é capaz de armazenar. Criar condições para que os trabalhadores aprendam e, assim, desenvolvam-se como pessoas e como profissionais, é torná-los capaz de pensar, sentir e agir em prol de uma cultura promotora de saúde e qualidade de vida; é educar para a vida, e não só para o trabalho.

CAPÍTULO 5

Cuidar do ser: considerações sobre ciência, gestão de pessoas e cidadania

O cuidado como preocupação e precaução nos previne de ciladas que a própria vulnerabilidade humana nos pode preparar.
(LEONARDO BOFF)

As constatações e propostas de análise apresentadas no decorrer desses capítulos formam um conjunto complexo de elementos, de natureza comportamental, importantes para o aperfeiçoamento dos aspectos humanos em segurança. No entanto, representam apenas uma pequena parte do universo de conhecimentos produzidos pela Psicologia sobre a relação entre homem e trabalho e uma parte menor ainda do que é possível examinar à luz do conhecimento produzido pela área de saúde e segurança no trabalho. É desta forma, "colocando pequenos tijolinhos no grande muro da ciência", que o sonho de proporcionar trabalho digno, decente e respeitoso da integridade global dos seres humanos vai se transformando em providências concretas de mudança de uma realidade, até então macabra, de morte e sofrimento por doenças e acidentes de trabalho.

Provavelmente, nos próximos anos, viveremos um processo de estabilização da febre de modismos relacionados com a **segurança comportamental**. A complexidade desse tipo de atuação, a dificuldade em obterem-se resultados vendidos como fáceis, rápidos e instantâneos, a necessidade das lideranças e das cúpulas das organizações de prepararem-se melhor para gerenciar pessoas estão entre os fatores que contribuirão para que isso ocorra. Entretanto, não significa que o comportamento humano no contexto da saúde e segurança deixará de ser importante. Pelo contrário, estaremos mais maduros e preparados para gerenciá-lo, tornando-o um aliado do processo preventivo e tirando-o do papel de inimigo, que vem ocupando nos discursos gerenciais mais recentes: "O problema é o comportamento das pessoas". Passaremos a entender que, se estivermos devidamente capacitados para gerenciar comportamento, este passa da posição de problema para a de fator decisivo da construção das soluções. A tecnologia avança, as estratégias empresariais aperfeiçoam-se, a ciência psicológica evolui, mas o ser humano continuará a ser o elemento relativamente estável do processo, como afirma Dejours (1999). Isso quer dizer que os seres humanos continuarão em processo de aprendizagem, aperfeiçoamento e desenvolvimento, inclusive no campo do trabalho.

Trabalhar com consciência, capacidade de analisar a realidade, de tomar decisões, de se antecipar ao pior, de agir com cuidado são os "produtos" desejados deste complexo sistema de inter-relações que constituem o desenvolvimento humano nas organizações. O desafio está em saber que a realidade de saúde e de ausência de acidentes que se busca construir para o futuro, ao atuar sobre a realidade vivenciada neste nosso tempo tão complexo, só será possível quando os trabalhadores, os profissionais, as empresas e os governantes assumirem que a grande possibilidade de transformação está presente na visão do processo como um todo, e não só no produto.

Entre os propósitos que devem referenciar um processo de prevenção de doenças e acidentes com o foco no comportamento humano estão:

- empoderar o trabalhador para conhecer e controlar os riscos do seu trabalho, utilizando os meios disponíveis, bem como propor e negociar novos e melhores meios para trabalhar com dignidade e qualidade de vida;
- harmonizar as relações entre as pessoas que compõem o contexto de trabalho, tornando-o saudável e seguro também nos seus aspectos subjetivos;
- contribuir para o amadurecimento da cultura e do comportamento organizacional, potencializando a atuação antecipativa aos problemas de segurança e aos males à saúde dos trabalhadores;
- pretender estender-se para além dos muros da organização, contribuindo para o desenvolvimento de lares, escolas, centros comunitários e outros ambientes mais seguros e saudáveis para a população em geral, beneficiando a sociedade como um todo.

Esse conjunto de propósitos pode ser simplesmente nomeado de processo HUMANIZAÇÃO. Se encarado com a seriedade e a profundidade que merece, é possível afirmar, categoricamente, que ele é a chave de acesso àquilo que podemos chamar de trabalho seguro (saudável, digno, decente, produtivo, ético, engrandecedor).

Trabalhar para evitar que as pessoas adoeçam e acidentem-se no trabalho é, antes de tudo, trabalhar pela re-humanização do processo produtivo. É auxiliar trabalhadores, empresários, governo e sociedade a recordar, dia após dia, que o ser humano é **humano**; portanto, não é máquina. Ele é falível, seu corpo tem limites, ele sente, pensa, age, escolhe, alegra-se, entristece, relaciona-se, produz; enfim, ele simplesmente É.

PARTE II

Da teoria para a prática: construindo segurança como valor

"Não há nada mais prático do que uma boa teoria"
KURT LEWIN

1. Refletindo sobre o fazer

Para praticar, implementar, diagnosticar e intervir no campo do Comportamento Seguro é preciso mais do que boa vontade, uma intenção positiva e recurso financeiro. É preciso conhecer efetivamente os "mitos" e "verdades" que operam em torno do tema para poder migrar da 'psicologia de senso comum' para uma abordagem consistente e embasada.

Para desenvolver uma sólida Cultura de Segurança é preciso que cada pessoa envolvida (do "céu da diretoria" até o "chão da fábrica") se coloque disponível para passar, individualmente, por uma transformação profunda na forma de ver-pensar-sentir-agir-interagir com sua vida e com seu trabalho. E neste caminho trilhado na vida real, com os pés no chão, encontramos uma série de desafios que somente a prática profissional e a vivência poderá nos revelar.

No propósito de auxiliar nesta jornada escolhi colaborar incorporando uma segunda parte a este livro, para a nova edição. Deste ponto em diante, o leitor perceberá, sem esforço, um tecido diferente sendo tramado em sua leitura sobre o Comportamento Seguro. Até este ponto, o texto científico, a fundamentação e a discussão dos aspectos teóricos e técnicos deram o tom do livro. A partir daqui, a proposta muda e nosso diálogo se torna mais próximo, pessoal, mais livre, mais prático, incisivo até.

Reúno aqui textos inéditos (e um já publicado) que tratam de alguns subtemas do Comportamento Seguro. A proposta é apresentar uma visão reflexiva e crítica a respeito dos desafios de implantar programas voltados para o Comportamento Seguro e para a Cultura do Cuidado Ativo.

Longe da pretensão de ser um guia definitivo, o relato é fruto da vivência de mais de 12 anos de atuação como Psicóloga e Consultora em Psicologia da Segurança no Trabalho. Este material surge do desejo de compartilhar descobertas, aprendizagens, opiniões, problemas e soluções. No panorama da Psicologia da Segurança praticada no Brasil os contextos de trabalho são diferentes sempre, entretanto há alguns desafios, questionamentos e barreiras que se mostram comuns a todos. Dizem que onde está o Ser Humano há certas coisas que estão sempre presentes. Entendo isso como sendo as "coisas do humano", coisa de gente. Este livro trata, em essência, da vida da gente. Trata-se aqui, sem dúvida, da arte e do ofício de **Cuidar de Gente**.

Psicólogos, pedagogos, engenheiros de segurança, médicos do trabalho, técnicos de segurança, técnicos de enfermagem, gestores de pessoas, gestores operacionais, diretores e presidentes, quero dizer-lhes algo: somos todos CUIDADORES. Nossa missão conjunta é trabalhar para que as empresas progridam, o país cresça, as pessoas trabalhem, a sociedade evolua, mas SEMPRE colocando a Vida das Pessoas (e dos outros seres) em primeiro lugar.

Sonho que esta partilha possa enriquecer seu caminho no propósito da prevenção, estimulando novos olhares, novos motivos e fomentando uma Segurança feita por Pessoas, para o benefício e a proteção das pessoas.

2. Cuidando de si e do outro "todos os santos dias"!

Façamos a seguinte reflexão: quantas vezes você se comprometeu em seguir a risca uma dieta que faria muito bem ao seu corpo? Quantas vezes você se matriculou numa academia de ginástica sonhando em frequentá-la sem faltas ou desistências? Quantas vezes prometeu a si mesmo não acessar seu email de trabalho nos finais de semana e empenhar-se em dormir mais cedo para acordar mais disposto?

Sim, mudar um hábito é um grande desafio. Com facilidade nos engajamos e com facilidade nos perdemos em imprevistos, exigências externas à nossa vontade, desculpas vazias e preguiça.

Diante disto podemos nos perguntar: se é tão difícil para nós adotarmos formas mais prazerosas e saudáveis de viver, por que deveria ser fácil e rápido para nossos colaboradores? Pedir para um operador de torno com 30 anos de serviço (desregrado do ponto de vista da segurança), que passe a adotar os óculos de proteção, é algo extremamente desafiador para ele (assim como correr 3 vezes por semana, é para a maioria de nós). Exigirá dele abertura para a mudança, flexibilidade para lidar com as consequências novas daquele comportamento (calor, certo incômodo, mudança na relação visual com o objeto), além de ter de levar na esportiva a possibilidade de tornar-se alvo de piadinhas por parte dos colegas (infelizmente isso ainda existe!).

Imaginemos que nosso colaborador esteja disposto e aberto a enfrentar estas consequências imediatas da mudança do hábito de trabalhar sem óculos, para trabalhar com os óculos. Isto seria o fim do processo? Resultado obtido? Não.

Além de dar o primeiro passo, mudar exige algo a mais. Mudar exige SENTIDO e CONSTÂNCIA. Sentido como algo que seja de fato relevante, compreensível, plausível, que permita e garanta o engajamento. Constância como ritmo. Ela significa repetir o novo comportamento, recém-aprendido, TODOS OS SANTOS DIAS! Uma imagem que ajuda muito no entendimento do que isso representa, é a experiência de adentrar na água do mar numa praia com ondas. Há um esforço inicial maior, para poder ir adentrando na água e atravessar, pular e mergulhar as ondas que insistem em empurrar para o raso novamente. Após um período de esforço maior e energia investida, é possível atravessar o que chamamos "rebentação" e passar para o espaço que se forma atrás de onde as ondas irrompem a superfície. Ali, então, é possível ficar mais sossegado, aproveitando um bom banho de mar (desde que o local seja permitido para banho e a pessoa saiba nadar, é claro!). Sossegado, mas não muito, já que alguma energia ainda deverá ser investida em manter-se ali, pois do contrário, em um piscar de olhos a maré o levará de volta para o raso e começará tudo outra vez.

Adotar novos comportamentos mais seguros, adquirir novos hábitos de trabalho, é parecido com a imagem de "passar a rebentação do mar", utilizada acima. É preciso enfrentar a força contrária dos velhos modos que insistem em nos empurrar para trás. Nesta jornada, fazemos força para seguir na direção do novo, mas a forma velha de fazer as coisas parece tentar impedir a todo custo, nos fazendo retroceder, recair no que não queremos mais (velhos hábitos). Aprendizagem de uma forma nova de relacionar-se com o risco, não é um caminho reto nem definitivo. Aprender é movimento vivo, senoidal, cheio de idas e vindas, quedas e recomeços, até que o novo comportamento, mais seguro, se firme. Isso significa que, por mais ímpeto com o qual se nade na direção do mar (como no exemplo acima), ao menor descuido é possível ser levado de volta para a areia da praia. Viver com cuidado é, portanto, um exercício diário sem data para terminar.

> *"Não, não tenho caminho novo, o que*
> *tenho de novo é o jeito de caminhar"*
> THIAGO DE MELLO em *"A vida verdadeira".*

3. Vamos derrubar os três tabus: Errar, Pedir ajuda e Dizer não

Trata-se de três grandes tabus em nossa sociedade e nos ambientes profissionais. Para nós brasileiros, fazer qualquer destas três coisas na vida familiar, na comunidade, dentro da sala de aula e no trabalho, é visto como algo vergonhoso. Esta geração que hoje está ativa no mercado de trabalho veio de um modelo educacional no qual perguntar, quando não se entende a explicação, é "coisa de gente burra". Dizer "não sei" e "não entendi" é se tornar motivo de piada na escola. Responder com um "Não vou fazer isso" para algo que está incorreto ou for arriscado, é o suficiente para ser visto pelos colegas de trabalho como alguém que faz corpo mole e não está afim de trabalhar.

O que isso quer dizer? No mínimo quer dizer que há traços na forma como fomos educados, dentro e fora da escola, que seguem repercutindo nos ambientes profissionais em nossa vida adulta. São atitudes tão interiorizadas que sequer percebemos que estão sob efeitos destas "regras" sociais e que colaboramos diariamente para que elas se perpetuem.

Medo de errar, medo de assumir que não sabe ou não consegue, e medo de recusar estão no cerne de grandes problemas culturais no campo da prevenção em SST, pois geram desvios de natureza comportamental, dissimulação e isolamento social.

Medo de errar

Quem não lembra de uma cena de sua infância na qual a professora o chamou para levantar e responder a uma pergunta, diante da classe? O frio na barriga, medo de responder errado e ser alvo de gozações por parte dos colegas e de cara feia, por parte da professora. Fomos treinados socialmente, que devemos acertar sempre. Só é bom quem acerta. Se for de primeira então, esse é "o cara". Trata-se de um dos maiores equívocos da educação convencional, pois ninguém consegue ser excelente se não errar, e muito! A criatividade, a inovação e a confiabilidade dependem essencialmente do erro. Erro controlado é claro, erro no sentido de ensaio, de tentativas, muitas experimentações. É experimentando o erro que uma pessoa desenvolve aprendizagens altamente consistentes, para depois poder ir para a cena real e desempenhar seu papel de forma excelente.

A vergonha que associou-se ao erro faz com que muitos profissionais escondam erros pequenos, falhas menores, escamoteiem desvios em suas rotinas, por acreditarem que é pior ser "chamado a atenção" do que mostrar algo que mais tarde pode se tornar um grave problema, se não tratado. Quem já investigou acidentes com trabalhadores sabe que muitos deles poderiam ter sido evitados, se as pequenas falhas que haviam ocorrido anteriormente no mesmo processo de trabalho, tivessem sido reportadas. Junto com a vergonha, outra causa muito comum do medo de errar (e de reportar o erro), é o receio de perder o emprego.

É preciso desmitificar o erro como algo negativo a ser escondido, a qualquer preço. Numa Cultura de Cuidado, as relações entre lideranças e equipes são trabalhadas para que haja confiança suficiente, para transformar cada dia de trabalho num grande aprendizado para todo o grupo. Aprendemos sempre com nossas tentativas, descobrimos novos caminhos, descobrimos o que não fazer, aprendemos com as experiências uns dos outros.

É muito mais vantajoso e saudável para todos, que possamos aprender com os pequenos erros cotidianos do que a triste rotina de viver o "aprendizado com o acidente".

Pedir ajuda

É duro admitir, mas ainda vivemos numa cultura um tanto machista, em especial nos ambientes de trabalho mais operacionais como fábricas, minas, estradas e obras. Uma evidência bastante clara disto é a cultura que se tem de que, bom mesmo é o cara que "dá conta de tudo sozinho". O supervisor diz: "dá teu jeito" e o profissional se vira em mil, para dar conta de algo que, nem sempre, ele sabe ou é capaz de fazer. É de perder a conta de quantos acidentes já aconteceram, porque a pessoa foi além do que podia ou sabia. Estar ciente de seus limites é obrigação de um profissional qualificado. Estar aberto a ouvir o limite do outro e dar-lhe crédito, é obrigação de uma liderança preparada e de uma equipe madura. "Pode me ajudar?" é uma frase vergonhosa na cultura laboral dos super-homens. Há situações nas quais o mínimo que uma pessoa que disser isso vai ouvir é: "Xi, olha o cara, amarelou!". Este é mais um exemplo do desserviço que uma cultura deturpada e inconsciente pode fazer com a Cultura do Cuidado. Num contexto onde este traço é forte, fica mais interessante se arriscar, para manter sua imagem, do que adotar um comportamento seguro. Pedir ajuda é um comportamento seguro com "S" maiúsculo.

> Uma das atitudes mais fundamentais para a sustentabilidade das organizações de hoje é COLABORAÇAO. Cooperar, colaborar, trabalhar junto, ensinar e aprender, dar e estender a mão. Crescemos, sempre, no encontro.

Dizer não

O Direito de Recusa vem sendo uma das ferramentas bastante adotadas por grandes empresas em seus "pacotes" de medidas para fortalecimento da gestão e da cultura da segurança. Entretanto, é comum o questionamento: "Por que as pessoas não usam? Por que ele fez aquilo, se tinha o direito de recursar?"

Quando o sujeito recusa, o supervisor emburra, o gerente pula da cadeira e o diretor esbraveja. A mesma liderança que assim o procedimento de recusa, paga o treinamento e a difusão para força de trabalho, é aquela que fica profundamente contrariada, quando o mesmo é efetivamente aplicado. É como ensinar um filho a dizer Não para os outros e, de repente, ouve do filho um Não redondo e retumbante diante de uma ordem ou convite. É preciso estar muito preparado para liderar um grupo que tem direito de recusar-se a realizar algo que precisa ser feito, pois recusa é diferente de insubordinação ou falta de respeito com a empresa ou com o líder. Estamos tratando de controle de exposição ao risco.

Mesmo assim fazer isso requer uma mudança profunda na cultura das relações de trabalho. É uma nova abertura, um convite à maturidade, de ambos os lados. Com isso vem junto a necessidade de capacitar melhor tecnicamente o trabalhador, pois quem não conhece estreitamente o que está fazendo não saberá se é preciso ou não recusar-se num determinado momento. O direito de recusa funciona como uma pedra no lago. Ele gera ondas de mudança e amadurecimento para todos os lados.

> Em nossa cultura brasileira não somos educados para dizer "não" para as autoridades mesmo quando elas estão erradas. Partimos do princípio de que "manda quem pode e obedece quem tem juízo". É um dos traços mais nocivo de nossa cultura, algo que precisa ser transformado com urgência.

Temos, no tratamento destes três temas um exemplo concreto do que é gerenciar aspectos inconscientes que afetam a segurança no trabalho. Inconsciente aqui, no sentido de algo que fazemos sem perceber, sem crítica, no automático. Algo que praticamente nos impulsiona a comportamentos de risco, sem que tenhamos controle nem percepção de que isso está acontecendo.

Nossa tarefa, como agentes de conscientização, é colaborar para que as pessoas possam olhar para dentro e perceber em si a presença destes receios. Ajudá-los a desmistificar estes condicionamentos por meio de exemplos positivos, exercícios e atividades que permitam desenvolver competências de comunicação e abertura para compartilhar em grupo suas dificuldades e possíveis saídas. Nos grupos podemos trabalhar as habilidades de fazer bons acordos interpessoais, construindo confiança entre seus membros e destes para com suas lideranças. Todo tipo de estratégia de comunicação e educação de pessoas pode auxiliar nesta tarefa.

Neste tema, encontramos claramente a montanha que divide aquilo que falamos, daquilo que fazemos. É preciso o grande empenho de todos para que seja possível transpor este grande obstáculo e fazer viver, na pele, aquilo que se prega e assim usufruir dos frutos tão valiosos deste investimento.

4. Pratique o cuidado: isso faz bem para você

> *"O seu trabalho não é a pena que paga por ser homem, mas um modo de amar e de ajudar o mundo a ser melhor".*
>
> THIAGO DE MELLO

Há cerca de 10 anos, o Instituto Ethos de Empresas e Responsabilidade Social lançou uma campanha com diversos outdoors e imagens tocantes. Uma delas me chamou atenção e me acompanha, desde então. Nela vemos uma foto de um trabalhador, em situação de trabalho extremamente precária, sem camisa, com a mão enfaixada por estar ferido. Os dizeres ao lado eram **"Promover Segurança no Trabalho faz bem à sua Pessoa física e jurídica"**. Frase preciosa esta, pois nos permite enxergar uma dimensão dos esforços em prol da SST que está além dos interesses empresariais e governamentais. É a dimensão da missão.

Muitos colegas prevencionistas sabem disso e sentem na pele essa força. É daquele "algo" que nos move na direção da melhoria das condições de trabalho mesmo quando tudo ao nosso redor parece estar jogando contra. De minha parte acredito que isso que nos move é alimentado por uma profunda conexão com o Valor que a Vida tem. Acreditamos que a vida humana é preciosa. Nada nem nenhum objetivo pode ser justo, válido e ético se ele precisar prejudicar a vida para poder ser atingido.

As empresas existem para dar lucro e gerar benefício para a sociedade, mas nem por isso elas devem se permitir ter pessoas lesadas em sua integridade para obter seus fins, sejam elas seus colaboradores, terceiros, clientes, usuários, cidadãos.

Outro fato de grande relevância são as descobertas recentes da psicologia e das neurociências. Entre as experiências humanas identificadas como as que mais provocam bem-estar psíquico (a partir da descarga de neuro-hormônios) está a sensação de sentir-se útil para o coletivo, contribuindo para o bem comum, sendo relevante para sociedade".

Corroboram com este entendimento as modernas teorias a respeito de uma "carreira realmente satisfatória". Cznaric (2012) sintetizou descobertas apontadas em diferentes estudos sobre o tema "Trabalho e Vocação" e indica que sentir-se colaborando com os outros, sendo relevante na sociedade está entre os três itens que fazem com que uma forma de trabalho altamente prazerosa e realizadora, ao lado da permissão para utilizar seus talentos e também de poder seguir suas paixões na realização das atividades.

Visto assim ficam claras as inúmeras vantagens, pessoais e profissionais, de se escolher pelo caminho do Cuidado. Imagino que, para o leitor que escolheu aprofundar-se num livro com este tema, estes motivos já sejam conhecidos e internalizados. Sei também que há ainda muitas pessoas no mundo do trabalho e das organizações que ainda não se permitiram tocar por tais princípios. Para alguns, é hora de começar a praticar. Para outros, é hora de seguir expandindo e multiplicando estas notícias pelas oficinas e áreas industriais, por aí. Para todos nós, é tempo de dizer NÃO às práticas profissionais que dão à vida humana o lugar de "recurso". Gente não é recurso, gente é Vida e a vida é preciosa. Façamos isso para o bem de nossas Pessoas Físicas e Jurídicas. Não há mais tempo a perder, nem desculpas a dar. E começa por você!

5. Sem mudança de mentalidade não há mudança de realidade

Desde o final do século passado, as ciências e as verdades vem passando por mudanças profundas e radicais. Isso tem se dado em todos os campos do conhecimento e das profissões e a este fenômeno damos o nome de "mudança de paradigma" ou "transição paradigmática". Trocando em miúdos, estamos num processo de revisão e redefinição de formas de pensar, ideologias, modelos, regras, métodos e propostas. Há um movimento que nos empurra na direção de formas de viver, conviver e produzir que atendam melhor os ideais de sustentabilidade, eficiência, respeito à vida e ética. A força que impulsiona este processo amplo de mudança chama-se necessidade.

Ao recortar este panorama para o foco da prevenção de doenças e acidentes de trabalho percebermos, também, uma nova mentalidade sendo requisitada. Nossos empresários, diretores e gestores estão percebendo na prática, entre outras coisas, que agir na prevenção é muito mais ético e lucrativo do que atuar na correção.

Trazendo o recorte para os Aspectos Humanos presentes no cenário da SST fica ainda mais evidente a impossibilidade de seguir querendo gerenciar uma equipe com os mesmo princípios com os quais gerenciamos sistemas operacionais. Para obter resultado em mudança de comportamento e cultura de cuidado é preciso, antes de mais nada, considerar o grau de subjetividade, imprevisibilidade e complexidade contida em trabalhar com aspectos humanos.

Precisamos de uma mudança no *mind set* da liderança, dos gestores e também (em muitos casos) dos próprios profissionais do SESMT.

Do ponto de vista paradigmático, é urgente a adoção de uma visão de cuidado efetivamente sistêmica, que seja capaz de incluir o todo, perceber as correlações e a coemergência entre os fenômenos, assumir de vez que nós (humanidade) só progredimos verdadeiramente e de forma sustentável quando atuamos no canal da coletividade. Interdependência, colaboração, consciência plena, capacidade de regeneração, ajuda mútua, cuidado compartilhado e multidirecionado (360º), responsabilidade individual perante o bem-estar coletivo são todos conceitos e premissas que não podem mais ficar de fora de nosso vocabulário, neste nosso tempo histórico-social.

Empresas adotam programas de gestão de ponta, ferramentas comportamentais de última geração, mas seus gestores esbarram na sua utilização por estarem ainda presos no velho paradigma do "comando e controle", por não saberem reconhecer bons comportamentos nem dar *feedback*, por sentirem-se impotentes diante da necessidade de promover sinergia em suas equipes. Se você é um leitor que conhece mais os livros do que as fábricas, isso tudo deve soar como um lugar comum já que os estudos sobre o tema já insistem nisso há anos. Mas aquele que vive o dia a dia das organizações brasileiras sabe que, mesmo com pilhas de apostilas de liderança guardadas na gaveta, os sinais do velho paradigma ainda estão bastante vivos na forma como os processos que envolvem fatores humanos são gerenciados, até mesmo naquelas empresas que gerenciam cultura de prevenção há mais tempo. É, portanto, o longo caminho que nos é dado trilhar entre o "saber" e o "fazer".

Na intenção de auxiliar na identificação dos traços de um modelo mental antiquado e inadequado na gestão dos

Aspectos Humanos em Saúde e Segurança no Trabalho, cito alguns abaixo:

- Diretoria implantando programas robustos de gestão do comportamento e esperando resultados significativos para dali a 6 meses.

- Segurança é tratada como um item de segunda categoria no sistema de gestão, bem atrás de produção, manutenção, inovação, investimentos.

- O acidente é tido como um problema isolado de uma área, um funcionário, uma equipe, um gestor e não como um evento sistêmico.

- Liderança cobrando, pressionando e insistindo para que a base adote melhores práticas quando o andamento da produção está em dia. Mas quando há pico de produção ou problemas operacionais a mesma liderança pressiona para que a base descumpra regras de segurança, faça "by pass" de travamentos, trabalhe mais horas do que o recomendado (dobras), etc.

- Comemorar mil dias sem acidentes e não saber explicar COMO fizeram para obter tal resultado, ou seja, não sabem identificar o caminho que trilharam para obter o resultado (comemorar a "sorte"). Fazendo isso "ensinamos" de forma sutil ao nosso grupo que "não importa o caminho, nem se é sustentável, o que importa é o resultado", favorecendo a inconstância dos resultados em redução de acidentes.

- Quando há resultados ruins, o empenho é total para a execução das ferramentas comportamentais, das campanhas, do trabalho capacitação e sensibilização com as equipes. Quando o resultado melhora, o empenho arrefece, outras coisas passam a ser importantes.

- A identificação de comportamentos seguros na área de trabalho é significativa quando a gerência está cobrando e o pessoal de SESMT fiscalizando, na hora que eles diminuem a ênfase, comportamentos de risco voltam a ser observados na equipe.

Trabalhar a mudança de um modelo mental excessivamente reducionista e tecnicista, inadequado para a gestão das pessoas, para um paradigma no qual a subjetividade humana é trabalhada com propostas e estratégias apropriadas para este fim é preparar o terreno da Cultura da Organização para que ela possa permitir o surgimento de práticas de trabalho cada vez mais conscientes, seguras, humanizadas e colaborativas.

Um grande passo nesta direção foi dado por um dos maiores especialistas em Psicologia da Segurança no mundo, o psicólogo americano E. Scott Geller. Durante anos ele trabalhou com o conceito de *Behavior-Based Safety* (Segurança Baseada no Comportamento), assim como diversos organismos internacionais que procuravam intervir sobre a dimensão dita "comportamental" da segurança. Um de seus livros mais importantes é o *"Psychology of Safety Handbook"*, de 2001. Em 2005, ele lançou uma obra cujo título soou, para mim, como mais um sinal claro da emergência de um novo e necessário paradigma no campo da segurança. Seu título é *"People Based Safety"*, ou seja "Segurança Baseada nas Pessoas". Além do conteúdo da obra trazer informações essenciais para quem atua com aspectos humanos em SST, a passagem do foco do "comportamento" para as "pessoas" devolve ao olhar do observador a amplitude desta matéria. O comportamento é tipo de manifestação humana, mas está longe de representar o ser humano por inteiro. Fazer segurança olhando somente para o Comportamento é deixar uma brecha enorme para equívocos e mal-usos, que são mais parecidos com manipulação do que com educação. Quando olhamos para as Pessoas, em toda sua complexidade, incluímos outros temas como cultura, valores, consciência num sentido mais amplo do termo, imagens, sentidos e significados. Um olhar assim bem mais coerente com o que é, de fato, trabalhar com o ser humanos e também com a essência do estudo da Psicologia.

Figura 6 – Psicologia da Segurança estuda e atua sobre o indivíduo, o coletivo e o contexto

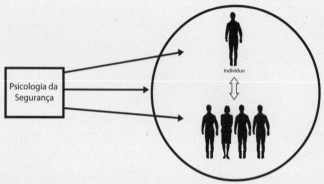

Avanços como este nos revelam os caminhos da evolução e do amadurecimento das ações e programas que visam trabalhar o lado humano da prevenção de doenças e acidentes. Atuando tanto no micro (indivíduo), quanto no macro (cultura), quanto no todo (sistema) é que a Psicologia da Segurança no Trabalho colabora com as demais áreas do conhecimento afeitas à prevenção na construção de realidades mais seguras e cuidadosas de trabalho.

6. Não existe a "ferramenta mágica"

Certa vez, num dia ensolarado de inverno, eu saía de uma palestra que acabara de proferir numa empresa do ramo de papel e celulose, quando fui abordada pelo coordenador do SESMT com o seguinte questionamento: - "Você que anda por aí, conhece tantas empresas de ponta com sistemas de gestão modernos, me conta o que tem saído de última palavra em ferramenta de gestão com foco em comportamento? Diz pra mim que saiu alguma ferramenta poderosa, daquelas que dá jeito num monte de problemas ao mesmo tempo".

Tal pergunta já havia me sido feita inúmeras vezes uma vez que nós, consultores, fazemos um papel similar ao das borboletas, ou seja, visitamos aqui e acolá, conhecemos muitas realidades, enfim, carregamos em nossos sapatos o "pólen" da inovação e das boas práticas de um lado para o outro do universo corporativo. Voluntariamente ou não, somos agentes permanentes de *benchmarking*.

Trabalhar com as pessoas pela melhoria de seus hábitos e comportamentos é tarefa das mais complexas, uma vez que envolve altos esforços, muita persistência e investimento de longo prazo. Longo mesmo. Isto faz com que este se torne terreno fértil para uma busca intensa por estratégias, ferramentas, programas, testes psicológicos e toda a sorte de tentativas de encurtar a distância entre investimento e resultado. Não demora muito para que as empresas percebam que lidar com a dimensão humana implica em gerenciar o que não está visível aos olhos (mundo interno, aspectos psicossociais, emoções, pensamentos, relações) nem tampouco é simples de mexer. Não se pode gerenciar aspectos humanos com a mesma mentalidade que se gerencia melhoria estruturais ou de equipamentos. A eficácia no campo das relações humanas requer sólidos conhecimentos do campo da Psicologia e preparo técnico adequado para intervir com eficácia.

Quem examinou mais amiúde a primeira parte deste livro certamente pôde perceber que no que diz respeito as ferramentas educativas, perdemos eficácia porque pecamos em detalhes bastante básicos como estratégias inadequadas de abordagem e *feedback*, frágil formação de instrutores, didática pobre e muita psicologia de senso comum. Podemos concluir que um dos fatores que corroboram para resultados insatisfatórios em nossos programas de mudança de cultura em segurança é o "como" fazemos as coisas. Não são só as ferramentas em si que são pouco eficazes. Elas frequentemente são mal implementadas.

Outro fenômeno interessante é que muitas das pessoas que elaboram planos de ação e decidem sobre modelos de gestão simplesmente não confiam no "simples e bem feito". Tudo que parece muito simples ou que é sugerido por alguém de dentro da própria empresa é recebido com extrema desconfiança (e por que não, descaso). É a velha síndrome brasileira de que aquilo que vem de fora é sempre melhor e mais eficaz.

Um exemplo comum é o da ferramenta "Diálogo de Segurança", o famoso DDS. Na minha opinião uma das estratégias de maior potencial no que diz respeito a sensibilização para o comportamento seguro por ser (na teoria) direta, simples, frequente e interativa. Grande parte das empresas já a adotam e mudam apenas a nomenclatura. Porém, raramente encontramos um Diálogo de Segurança bem feito, ou seja, conduzido por alguém com uma boa didática, preparado com temas que despertem o interesse dos colaboradores, com perguntas que contenham espaço para o debate (afinal é um "Diálogo"). Prova típica de investimento mal feito, já que toma tempo do dia de serviço para um ritual muitas vezes inócuo, e até enfadonho. Rechear um diálogo de segurança com a qualidade e a consistência que ele pode ter não custa muito, não complica as coisas, e o resultado em termos de educação dos colaboradores para os assuntos de Saúde e Segurança cresce exponencialmente. Isso é a mágica da eficácia.

As organizações que vêm acumulando bons resultados em seus programas de mudança de comportamento em prevenção têm sido aquelas que vêm gastando menos energia olhando para o mercado em busca da "ferramenta mágica", e têm investido mais empenho em um trabalho mais focado, disciplinado e constante de olhar para dentro e conhecer em detalhes seus gargalos culturais, corrigir erros rudimentares em seus processos (treinamentos, análise de acidentes, gestão de indicadores), empenhando-se em melhorar continuamente o seu "como fazer". Vale lembrar aqui que outra palavra "mágica" na segurança comportamental é a *simplicidade*.

Por isso, caros colegas, odeio ser a pessoa a ficar repetindo sempre isso, mas alguém precisa puxar os pés para tocarem novamente o chão. Ganharemos o jogo da prevenção cuidando do óbvio, não da exceção, não do esporádico, não só quando nossos indicadores estiverem preocupantes e as pessoas machucadas. Uma Cultura de Segurança se faz com poucas e (muito) boas ferramentas, um sistema de gestão adequado e alinhado ao funcionamento mais amplo da empresa e uma liderança que suporte sustentar o discurso e a prática do cuidado com a vida como todo o tempo, na tempestade e na bonança. Ou seja, convergir produtividade com o cuidado com as pessoas é o que precisa ser feito... todos os dias, para todo sempre!

7. Liderança humanizada é igual a vida bem cuidada

Entre os anos de 2004 e 2006 tive a oportunidade de participar de um projeto muito especial. Seu embrião foi idealizado por um gerente operacional do ramo petroquímico, que atuava na área *off-shore*, que num dado momento de sua carreira foi "picado pelo bichinho da prevenção". Os caminhos da vida o levaram para a presidência da CIPA e dali para a Engenharia de Segurança foi um pulo. Nos conhecemos num evento de sua gestão de CIPA no qual descobrimos uma grande sintonia de propósitos e ideias a respeito dos caminhos da prevenção. Salim Melhem Baruqui é seu nome e ele havia percebido algo muito precioso. Dizia ele: "nossos gerentes de unidade têm muita dificuldade para lidar com as pessoas, falta preparo, por isso encontram muitos obstáculos na boa utilização das ferramentas com foco em comportamento, eu passei por isso". Baruqui, além de um profissional muito sensível às questões humanas, é também um empreendedor dentro da instituição na qual atua protagonizando iniciativas e fomentando debates de grande relevância.

Nascia ali um Programa de Formação de Gerentes nos Aspectos Humanos em Saúde, Segurança e Meio Ambiente que levou quase um ano para ganhar forma didática e apoio institucional para acontecer. Nesta parceria fazíamos convergir a minha contribuição da psicologia, da educação e da vivência como consultora em unidades marítimas, juntamente com o conhecimento que ele trazia da engenharia de segurança, da gestão de SMS e de anos testemunhando a realidade vivida pelos gerentes daquelas unidades, nosso público alvo.

O programa contava com três jornadas presenciais, de 3 a 4 dias cada uma, num total de 180 horas (de atividades presenciais e não presenciais). Nos encontros, os participantes assistiam aulas teórico–vivenciais com uma equipe formada por dois psicólogos do trabalho, um engenheiro de segurança, um médico do trabalho e uma ergonomista. O programa abrangia conteúdos que permitissem aos participantes, em sua grande maioria com formação técnica na área de exatas, responder questões como:

- O que é o comportamento humano? Como é o funcionamento psíquico do ser humano? Como o grupo influencia no indivíduo e vice-versa?

- Como as pessoas aprendem e mudam seus hábitos?

- Como estabelecer uma comunicação efetiva em ambientes de risco e no caso de erros e perdas?

- O que é o erro humano? Como trabalhar para evitá-lo?

- Como desenvolver cultura de prevenção utilizando uma visão sistêmica em SMS?

- Quais os erros mais comuns que uma liderança comete na gestão das pessoas?

- Como construir uma abordagem realmente preventiva em SMS com as ferramentas já existentes na companhia?

Além das aulas, a programação contava com sessões de cinema dentro da temática, tarefas para realizar entre os encontros e o ponto alto que era o trabalho de conclusão de curso. Os participantes eram estimulados, acompanhados e orientados na elaboração de uma proposta de implantação imediata de algum conhecimento aprendido no curso, desde que a proposta não necessitasse de orçamento extra nem autorização de níveis superiores. O foco era estimular e garantir:

- **o protagonismo:** iniciativas pessoais usando os recursos e a autonomia já existentes,

- **o empoderamento:** descobrir e utilizar seus melhores talentos

- **transposição do conhecimento:** a aplicação direta do aprendizado para que o programa não virasse mais uma apostila esquecida na gaveta.

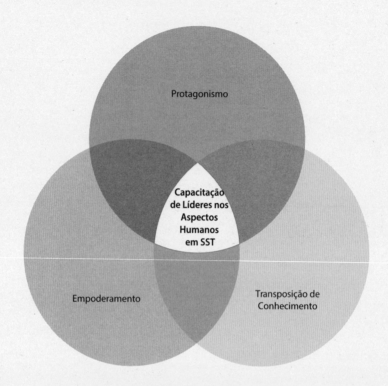

Ao final, além de compartilharem seus projetos e iniciativa num seminário que contava com a presença de todo o grupo, compartilhando suas boas práticas, cada participante recebia um certificado de "Curso de Extensão Universitária" emitido por uma Universidade conceituada, parceira do Programa.

Esta foi uma iniciativa realmente inovadora, extremamente gratificante para a equipe de professores e, principalmente, para os participantes que a avaliaram nos mais altos quesitos em todas as 5 turmas realizadas. Porém, mais importante do que conceitos e notas, é a emoção de poder encontrar alguns daqueles gerentes, anos mais tarde, e ouvir deles o quanto aquela experiência fez diferença em seu fazer, enriqueceu sua prática profissional, gerou uma rede colaborativa entre os grupos, trouxe ganhos significativos em sua convivência com colaboradores, fornecedores, prestadores de serviços e até mesmo fora do ambiente de trabalho. Isso prova, mais uma vez, que com um desenho didático preciso, um time de educadores embasados e experientes, um orçamento acessível e um público-alvo bem trabalhado é possível construir um verdadeiro patrimônio profissional em matéria de cultura de prevenção e valorização da vida. Não tem mágica, é o "feijão com arroz" bem feitinho, com esmero técnico, muita dedicação e comprometimento com a prevenção.

8. Comunicando ao avesso: será que funciona usar fotos de acidentes para conscientizar?[5]

"Nossa, doutora, todos os dias os chefes chamam a gente para ir no auditório ouvir falar de quem se acidentou e ver as fotos dos machucados, é tão ruim, chega a dar uma depressão na gente". Este depoimento foi ouvido de uma operária durante um grupo de discussão sobre segurança, numa das unidades de uma grande empresa brasileira. É uma fala simples, mas que nos provoca uma reflexão.

Estamos no real caminho da conscientização, quando investimos um tempo enorme em produzir filminhos, slides e cartazes contendo cenas de pessoas mutiladas, queimadas, esmagadas durante a realização de suas atividades, para expor aos nossos colaboradores?

No início da minha carreira, fui convidada para assistir a uma palestra sobre "comportamento seguro" numa indústria.

---

[5] Artigo originalmente publicado na revista CIPA com o título "Uso de fotos de acidentes como principal caminho para a conscientização: será que funciona?"_Março de 2008, nº 340, pp. 70-72.

Nunca esqueci dos 60 minutos de exemplos negativos (tudo o que a pessoa NÃO deve fazer para ter segurança) juntamente com muito sangue, pessoas queimadas e esmagadas. Além da estratégia didática de "impacto" e o nome sugestivo da palestra, o que mais me chamou a atenção foi a forma como duas operárias deixaram o grande auditório durante a palestra: correndo e com a mão à boca, num claro gesto de desconforto gástrico. Estes episódios, que foram quase diários durante estes anos de trabalho junto às indústrias, constantemente me colocam em questionamento quanto aos seus resultados. Isso funciona? Tenho minhas dúvidas...

O estudo aprofundado do comportamento seguro nos explica que, para que ele seja adotado por uma pessoa, é necessário garantir que ela aprendeu como fazê-lo. Neste caso, ela aprendeu como identificar os perigos e controlar os riscos de uma atividade no presente, de forma a reduzir a probabilidade de ocorrências indesejadas no futuro, para si e para os outros. Isto é uma definição de comportamento seguro. Para que uma pessoa aprenda a agir desta forma, será necessário que ela seja submetida a um esquema educativo consistentes, com recursos de diferentes tipos, já que se trata de uma aprendizagem bastante complexa para qualquer pessoa, independente de escolaridade, classe social e idade.

Métodos didáticos como: contato com procedimentos de segurança, informações sobre perigos e riscos da atividade, prática orientada para treino de habilidades motoras, estudo de operações bem-sucedidas e malsucedidas (acidentais) do equipamento a ser usado e suas consequências; são exemplos de recursos educativos que podem compor um esquema de aprendizagem de comportamentos seguros. Se utilizado de forma correta, todo este conjunto garantirá à empresa que aquele colaborador foi treinado da forma mais efetiva, que ele conseguirá utilizar as práticas seguras de trabalho e que o recurso do treinamento de segurança foi bem empregado.

O que acontecerá se substituirmos toda esta cadeia de aprendizagem por uma palestra de duas horas, usando casos reais (fotos e filme) de pessoas acidentadas em diferentes situações, com diferentes equipamentos e reunir na plateia um conjunto de soldadores, eletricistas, ajudantes, pessoal de limpeza e operadores de linha de produção?

Além do problema da generalização dos exemplos, devido ao fato de contarmos com uma plateia mista, o que fará com que todos saiam sentindo-se bem pouco representados em suas realidades de trabalho, ainda temos o problema do efeito das imagens. À luz da psicologia é possível dizer que, quando um organismo é exposto a uma situação aversiva, sua tendência é tentar afastar-se dela, tão rápido quanto for possível. Nossa memória de curto prazo nos auxilia neste processo, "deletando" o que não serve imediatamente e "arquivando" somente o que nos é interessante.

Afastar-se do desconforto, portanto, é uma ação que vem acompanhada de uma grande sensação de alívio. No nosso caso, afastar da mente a lembrança de uma imagem horrível nos gera alívio e retorno a uma sensação interna confortável.

Quando este mecanismo não funciona bem, podemos permanecer por um tempo, convivendo com a memória de vivências indesejáveis. Até algumas patologias estão ligadas às imagens negativas recorrentes em nossa mente, como é o caso do estresse pós-traumático, no qual a pessoa vítima de acidente não consegue tirar da memória as cenas vividas, o que traz imenso desconforto, impedindo seu retorno a uma 'vida normal' após o ocorrido.

Para verificar como isto funciona basta experimentar questionamentos simples. Responda as perguntas abaixo:

- Você lembra com facilidade das fotos e situações mais chocantes com que teve contato no último ano?
- Elas ficaram vivas em sua memória todos os dias? Se sim, que consequência elas causaram para seu sono e para sua capacidade de conviver com aqueles perigos?
- Tais imagens fizeram você agir com mais cautela? Por quanto tempo? Duas horas? Um mês? Mais?

Não sei quais foram as respostas do leitor, mas a maior parte das pessoas para as quais já fiz estas perguntas, durante estes anos, responderam que precisam fazer esforço para lembrar das cenas terríveis de acidentes que já viram, porque estavam "esquecidas" há tempo ou soterradas no meio das outras informações do cotidiano. Para as pessoas que ficaram com cenas na memória, por muito tempo, esta experiência apresentou-se como desconfortável, causadora de ansiedade, foi tema de alguns pesadelos, além de terem experimentado medo com relação ao objeto da cena (dirigir automóveis, pegar estrada, entrar no setor onde ocorreu um acidente, operar determinada máquina). Mas a campeã das respostas diz respeito à terceira pergunta: "nossa, depois de meia hora já tinha esquecido o carro retorcido que a polícia botou na beira da estrada e já estava correndo de novo".

Considerando que o público que participou desta enquete informal era composto por gerentes de indústrias, profissionais de manutenção, motoristas de carga, operadores de equipamentos pesados, pessoal de construção civil que compõem o público-alvo de grande parte das ações de segurança do trabalho, pode-se considerar que a crença incontestável no uso de fotos de acidentes para educação é, no mínimo, uma aposta arriscada. Por fim, examinando todos os aspectos como eficácia e durabilidade dos efeitos, riscos psicossociais associados (impacto negativo no clima do grupo e na motivação do trabalhador), empobrecimento do potencial educativo das ações (palestras e treinamentos) é possível concluir que o uso de fotos de acidente como o ÚNICO recurso educativo para prevenção de acidentes tem poucas chances de funcionar.

Mas isso significa que não devemos mostrar mais fotos? Não é isso. Não vamos radicalizar! Precisamos é mudar o foco e a ordem de importância dos estímulos que oferecemos aos nossos aprendizes.

O nosso desafio como prevencionistas é aperfeiçoar cada vez mais nossas práticas didáticas (hoje defasadas e pouco consistentes), aprofundar nossos estudos sobre o que realmente é comportamento humano e como conscientizar as pessoas (fugir do senso comum e das fórmulas velhas) e garantir que nosso público receba de nós muito mais do que as imagens dos fracassos da segurança. Vamos mostrar a forma correta de se trabalhar, com comportamentos seguros e procedimentos seguidos. Educar pelo medo não é uma boa prática. Educar pelo amor à vida sim!

Que os nossos trabalhadores possam conhecer a forma segura de realizar seu trabalho, que eles acreditem verdadeiramente que ser cuidadoso é a melhor atitude para enfrentar os perigos da vida e que, mais do que tudo, eles possam encontrar nas nossas palavras e orientações as melhores razões para continuarem vivos e saudáveis.

9. A CIPA é espaço de transformação humana

Uma CIPA atuante funciona como alavanca para processos de desenvolvimento de líderes? Seu trabalho pode impulsionar a gestão e a cultura de prevenção? Como assim? "Esta não é a imagem de temos da CIPA aqui na nossa empresa".

Considerada como um fardo burocrático pela maioria das empresas brasileiras, a Comissão Interna de Prevenção de Acidentes de Trabalho (CIPA) é um espaço de trabalho coletivo que tem a missão de auxiliar a organização a preservar e promover a saúde e a integridade dos trabalhadores. É também um grande paradoxo. Como que um grupo formado para este propósito tão nobre, que busca reduzir acidentes, resultado tão almejado por empresas responsáveis e trabalhadores conscientes, pode ser considerado uma pedra no sapato de todos?

Um dos fatores que colaboram para isso é o fato da CIPA ser uma obrigação para empresas com o número legal mínimo de funcionários, ou seja, não é uma iniciativa livre. Outros são: a percepção de que atividades realizadas por membros da CIPA "concorrem" com as demais obrigações de rotina dos seus envolvidos e também a garantia legal de estabilidade no emprego por dois anos, o que infelizmente abre caminho para o envolvimento de alguns que não estão genuinamente interessados em colaborar com a segurança, apenas buscam manterem-se no emprego.

Tudo isso veio, ao longo de décadas, colocando sobre a CIPA uma triste aura de estorvo, de algo dispensável, que atrapalha o cotidiano dos colaboradores e não gera benefício para a organização. Caiu na conotação do "pró-forma" (fazemos para cumprir tabela).

Graças a esta enorme deturpação, as organizações deixam de contar com uma ferramenta de grande importância para a implantação e a manutenção da Cultura de Cuidado com a Vida. Uma CIPA trabalhada de forma integrada e eficiente torna-se um verdadeiro núcleo gerador de:

CIPA Integrada e Eficiente torna-se um verdadeiro núcleo gerador de:
iniciativas consistentes na solução de problemas cotidianos de segurança,
incremento do relacionamento entre o topo e base, mediando interesses e evidenciando prioridades,
aperfeiçoamento dos seus membros no conhecimento e nas práticas voltadas para SST, já que a maioria de seus integrantes não são especialistas na área,
parceria qualificada com os especialistas do SESMT, somando vontade e esforços ao buscar os mesmos resultados,
sensibilização permanente dos colaboradores para o cuidado e a prevenção,
fortalecimento da Cultura de Segurança em todos os seus aspectos.

A verdade é que o ranço em torno da CIPA tem duas causas principais: a primeira é o péssimo uso que se fez dela ao longo dos anos. Exemplo típico da capacidade que temos de transformar uma prática extremamente saudável num peso morto na agenda. Conheci gerentes que, quando indicados para integrar a CIPA de sua unidade, sentiram-se como se estivessem sendo punidos pela alta liderança. Conheço pessoas que entraram na gestão entusiasmadas para atuar como agentes de prevenção e, meses depois, foram advertidas por suas chefias imediatas que queixaram-se de que a pessoa estava "gastando" tempo demais com a CIPA e deixando de dar tudo de si em seu posto de trabalho. A segunda causa é que, no fundo, o descaso com ela é um dos sintomas que revelam que segurança não é VALOR para a empresa. É algo que figura somente no discurso.

> ### CIPA FORTALECIDA = SEGURANÇA COMO VALOR

Ser "da CIPA" é ganhar a oportunidade de participar de um espaço de pluralidades, conviver com pessoas de diferentes formações e experiências de vida, é ser capacitado para conhecer e propor melhores formas para as pessoas viverem e trabalharem, é levar conhecimento e sensibilizar a respeito da importância de Cuidar de Si, Cuidar dos Outros e Deixar-se Cuidar. Tal riqueza está disponível para o membro do grupo de gestão, independente das condições que a empresa oferece.

Defendo a ideia de que o exercício do cipista (ou cipeiro) é o do "protagonismo", isto é, daquele que toma para si a missão, aproveitando ao máximo os recursos que estão disponíveis (mesmo que sejam poucos), luta para que melhores condições se apresentem e mobiliza a coletividade em prol de um propósito comum. Ele faz acontecer. Eu conheci, e certamente o leitor também, muitos grupos gestores de CIPA que fizeram um trabalho produtivo e emocionante com pouquíssimo recurso financeiro e quase sem apoio gerencial. E também conheci gestões que contavam com apoio e com um orçamento expressivo e que passaram suas gestões praticamente em branco. Do ponto de vista da mobilização, o protagonismo do grupo faz com que o orçamento escasso e a falta de 'patrocínio' sejam obstáculos relativamente fáceis de ultrapassar e transformar.

Um amigo, engenheiro de segurança muito experiente, comentou comigo que numa empresa que tem sua

Cultura de Segurança instalada e madura as pessoas pedem: "pelo amor de Deus, me ponha na CIPA porque fazer parte disso é muito legal". Concordo plenamente.

É nesta direção que é preciso trabalhar. Para além e acima das exigências legais. Cultivar os potenciais mais elevados da CIPA, dentro e fora dela, para que a mesma torne-se um terreno fértil para fazer brotar ações de cuidado com as pessoas e não se limitar apenas a fazer reuniões burocráticas e SIPATs comuns. É preciso amadurecê-la para que ela vire uma verdadeira "fábrica" de Prevenção, transformando vontade em melhorias, pessoas leigas em aprendizes focados em SST, interesse esporádico em engajamento permanente. Posso garantir que alguns dos colaboradores mais aguerridos com as questões de segurança que já encontrei pelas fábricas por aí foram pessoas que, um dia, foram integrantes (eleitos ou indicados) de gestões de CIPA de altíssimo nível.

10. Foque no positivo e elimine de seu vocabulário a frase "não fez mais do que a obrigação"

Em um trabalho de diagnóstico de Clima e Cultura de Segurança em uma grande empresa, um colaborador terceirizado me falava, com toda sua simplicidade e bom humor, a respeito de como percebia a atuação dos gerentes que faziam inspeções, observações e abordagens comportamentais na área. Ele dizia: *"Estes gerentes daqui, não dá pra entender, eles vêm pra área pra caçar coisa ruim. Eles procuram, procuram, até que acham alguma coisa errada pra chamar a atenção da gente. Se a gente está trabalhando direitinho, eles não querem nem saber, mas quando acham o erro, parece que até ficam felizes".* Neste depoimento podemos perceber um modelo mental inadequado ao desenvolvimento da Cultura de Segurança, porém bastante comum: o foco no *GAP* (furo, aquilo que falta, distância entre a realidade e o ideal).

Isso mostra a forma como habitualmente alguns gestores lidam com os assuntos de segurança, sempre muito voltados para aquilo que está ERRADO, procurando incessantemente por algo a ser CORRIGIDO. Costumam justificar este tipo de prática como a 'busca pela excelência', ou mesmo pela necessidade de melhorar seus resultados que não andam nada bons.

Uma das principais aprendizagens que devemos estimular, quando queremos desenvolver uma Liderança para a Segurança é a **positivação,** ou seja, precisamos nos tornar cada vez mais capazes de identificar o que está CORRETO e RECONHECÊ-LO. É colocar o foco naquilo que está sendo feito conforme o combinado, dentro dos melhores parâmetros, que atende aos requisitos propostos, que e feito com esmero e cuidado.

Há realidades de trabalho nas quais a equipe vive permanentemente com a sensação de que está "sempre devendo", o que é certamente desanimador. É muito triste para um colaborador ser permanentemente cobrado por cuidar da segurança e quando ele cumpre aquilo que foi solicitado, ele não é visto, nem sequer reconhecido. Ao longo do tempo, seu engajamento com as práticas seguras vai se tornando cada vez mais frágil, ao ponto de desistir de vez, ou somente atender àquilo que pessoalmente julga ser correto.

Não podemos deixar de esclarecer que as duas "fontes" geradoras do comportamento seguro devem ser, ao mesmo tempo, a consciência individual e também o direcionamento organizacional. Sim, uma pessoa é perfeitamente capaz de agir de forma segura e com disciplina operacional, tendo como único fator motivador a sua própria vontade de se cuidar (ah, se todos fossem assim!). Entretanto, o que está em destaque aqui é a falta que faz o reconhecimento da liderança e dos colegas para com as atitudes individuais, pois este é um fator motivador indispensável para a difusão de uma Cultura de Cuidado mais homogênea e geradora de melhores resultados, em termos de prevenção de acidentes. A ferramenta-chave aqui é o *Feedback* Positivo. Ele torna o processo para a mudança de hábitos e consolidação de boas práticas muito mais forte e gratificante, para quem reconhece e para quem é reconhecido. A valorização das pessoas é uma prática que gera um clima de trabalho muito favorável, o que acaba por influenciar positivamente na qualidade das relações humanas, no incremento da comunicação interpessoal, aumento da confiança e da disponibilidade para o trabalho em equipe. É, sem dúvida, investimento com retorno garantido.

Do casamento entre identificar e corrigir problemas, e também elogiar e reconhecer conquistas é que torna-se possível instalar e preservar uma cultura organizacional com foco na Vida, não só na evitação dos erros e acidentes. O líder que quiser fazer diferença, em termos de resultado em saúde e segurança, deverá abolir de seu repertório cotidiano falas como estas: "não fez mais do que sua obrigação" e "era o mínimo que ele tinha que ter feito" e incluir outras (a título de exemplo) como "meus parabéns", "você trabalha de forma objetiva e organizada" e "sua maneira de se dirigir ao seu subordinado é respeitosa, é exemplar".

11. Pratique Segurança como Valor

Valor é aquilo que não se negocia, certo? Pelo menos, deveria ser. Nas discussões a respeito de políticas e estratégias para incrementar SST nos deparamos com a velha dicotomia entre Valor X Prioridade. Aquilo que é escolhido como prioridade hoje pode deixar de ser amanhã, deixando o primeiro lugar da lista para outro item que urge no novo momento. E assim, sucessivamente as lideranças seguem gerenciando o equilíbrio entre objetivos (onde querem chegar) e as necessidades (aquilo que se se apresenta no caminho sendo algo que precisa ser atendido, em sua maioria fatos não programados). Novamente navegamos nas águas difusas que distanciam aquilo que se fala daquilo que se faz.

Um estudo mais aprofundado a respeito de valores humanos permite identificar e compreender alguns aspectos intrínsecos à ideia de valor,[6] no campo do comportamento humano.

Valor é o jogo dinâmico entre ideal e ação.

O primeiro é o fato de que os valores referem-se tanto a ideais cultivados a respeito de si e da vida quanto a ações, escolhas, práticas. Quando se pergunta a um grupo de pessoas em uma sala (e eu faço isso sempre!) "quais são os valores que te dirigem na vida?", é fácil perceber que o conjunto de palavras que surge como resposta é composto, basicamente, dos mesmo valores. Não importa em qual região do país se está, nem o quão heterogêneo o grupo é. Normalmente recolhemos palavras como respeito, ética, saúde, família, honestidade, dignidade, etc. Então, se pergunta "o quanto você se percebe praticando em seu cotidiano estas palavras que são tão caras para você?". Nesta hora é comum ouvir alguns suspiros, cabeças se abaixam e expressões faciais

---

[6] Recomendo os estudos de Shalom Schwartz em TAMAYO, A. T.; PORTO, J. B. *Valores e comportamento nas organizações*. Petrópolis: Vozes, 2005. Como complemento e inspiração indico COMTE-SPONVILLE, A. *O pequeno tratado das grandes virtudes*. São Paulo: Martins Fontes, 1999 e também MARTINELLI, M. *Aulas de transformação: o programa de educação em valores humanos*. São Paulo: Peirópolis, 1996.

indicam algum grau de frustração. Uma reflexão rápida a respeito do desequilíbrio entre ideal e real permite perceber o quanto a vida adulta é uma grande escola de autoeducação, diária e permanente. E que para que seja possível viver seus valores é necessário diligência pessoal, ritmo e motivação para recomeçar sempre.

Valor é qualidade de um ato, pessoa ou evento.

Outro ângulo do tema é que os valores podem também ser entendidos como critérios para avaliar ações, autoavaliar-se, avaliar indivíduos e eventos. Isso implica em pensar a qualidade de algo, um ato ou uma pessoa. Quando eu digo "estou ensinando comportamento seguro", estou afirmando que não é qualquer qualidade de comportamento que me interessa e sim aquele que posso avaliar como "seguro". O mesmo se aplica à prática do cuidado ativo. Neste caso, estou dirigindo minhas políticas de SST para estimular um ato cuidadoso ao me dirigir às pessoas, ao analisar um incidente ou mesmo realizar uma tarefa operacional.

A maior parte dos Valores Humanos universais pode colaborar com a Saúde e a Segurança no Trabalho

O terceiro, e último, aspecto a explorar é a relação entre os Valores Humanos universais e a Segurança como Valor. Uma brincadeira simples, porém elucidativa desta questão, é escolher daquela lista obtida acima com o grupo, algumas palavras para avaliar de que forma elas colaboram para a cultura de SST. Examinemos a justiça, uma virtude muito citada. De que forma ela pode manifestar-se no campo da promoção da saúde e da segurança? Algumas reflexões são possíveis aqui: é justo oferecer um local de trabalho sujo e desprotegido para um ser humano trabalhar por 8 horas seguidas? É justo impedir que uma pessoa que trabalha em linha de produção vá ao banheiro na hora que precisa, para que vá somente quando o supervisor autorizar? É justo a empresa fazer um evento com a alta direção para assumir compromissos com a saúde e a segurança de todos e autorizar um trabalho inseguro quando há uma emergência operacional? Sugiro que o leitor faça este mesmo exercício com os demais valores como respeito, ética, saúde, integridade, não-violência, humildade, e por aí vai. Você e seu grupo perceberão que a prática dos valores mais essenciais para a vida, quando praticados com afinco influenciarão de maneira formidável no Clima e na Cultura de Segurança.

Podemos extrair desta breve reflexão que praticar Segurança como Valor requer (da alta direção até cada um dos colaboradores):

- escolher, consciente e objetivamente, quais as qualidades que quero ver refletidas nas atitudes praticadas dentro da organização,
- assumir compromissos de longo prazo com a mudança de postura frente a alguns tabus operacionais (*by pass* de travamentos, autorização de trabalhos de risco, recusas, gambiarras consentidas, improvisos permanentes),
- sustentar nas decisões cotidianas os compromissos assumidos com o foco em SST (na tempestade e na bonança),
- trabalhar para que produtividade e segurança não sejam fatores separados e concorrentes, mas sim que "seguro" seja uma das qualidades do trabalho produtivo,
- praticar valores conscientes humaniza o ambiente de trabalho e a relação entre o trabalhador e seu trabalho, entre ele e a liderança, entre ele e a empresa.

Não há coisa mais frustrante do que olhar para a empresa que diz "eu quero cuidar de você, sua vida é importante para mim" e perceber que é somente um discurso da boca pra fora.

Não há segredo, há somente a prática. Refletir, dialogar, conscientizar e praticar aquilo que se idealiza como uma empresa coerente, humana, justa e que compartilha, por meio de suas decisões, suas políticas e programas, o valor que dá àquilo que é o bem mais importante de todos: a vida humana.

> *Se a virtude pode ser ensinada, é mais*
> *pelo exemplo do que pelos livros*
> (ANDRÉ COMTE-SPONVILLE)

Referências

ALMEIDA, I. *Construindo a culpa e evitando a prevenção: caminhos da investigação de acidentes do trabalho em empresas de município de porte médio.* Tese (Doutorado em Saúde Pública), Universidade de São Paulo, São Paulo, 2001.

AROUCA, R. C. *Manutenção como fator de importância estratégica para a competitividade de uma empresa.* Monografia (MBA em Administração de Empresas e Negócios) Fundação Getúlio Vargas, Rio de Janeiro, 2003.

BERNARDO, M. H. *Riscos na usina química: os acidentes e a contaminação nas representações dos trabalhadores.* Dissertação (Mestrado em Psicologia Social e do Trabalho), Universidade de São Paulo, São Paulo, 2001.

BLEY, J. Z. *Variáveis que caracterizam o processo de ensinar comportamentos seguros no trabalho.* Dissertação (Mestrado em Psicologia), Universidade Federal de Santa Catarina, Florianópolis, 2004.

BLEY, J. Z. Acidente de trabalho: o que o psicólogo tem a ver com isso? *Revista Psicologia Argumento*, Curitiba, v. 21, p. 65-6, 2003.

BLEY, J. Z.; CUNHA, O. J; TURBAY, J. C. F. Comportamento seguro: ciência e senso comum na gestão dos aspectos humanos em saúde e segurança no trabalho. *CIPA*, São Paulo, n. 311, p. 84-94, out. 2005.

BOFF, L. *O cuidado necessário: na vida, na saúde, na educação, na ecologia, na ética e na espiritualidade*. Petrópolis: Vozes, 2012.

BOTOMÉ, S. P. Sobre a noção de comportamento. In: FELTES, H. P.; ZILLES, U. *Filosofia: diálogos e horizontes*. Porto Alegre: EDIPUCRS, 2001. p. 687-708.

BOTOMÉ, S. P.; KUBO, O. M. Responsabilidade social dos programas de pós-graduação e formação de novos cientistas e profissionais de nível superior. *Interação em Psicologia*, Curitiba, v. 1, n. 6, p. 81-110, 2002.

BOTOMÉ, S. P.; KUBO, O. M. Ensino-aprendizagem: uma interação entre dois processos comportamentais. **Interação**, Curitiba, v. 5, p. 133-169, 2001.

BRASIL. Ministério do Trabalho. Consolidação das Leis do Trabalho. CLT. 108. ed. São Paulo: Atlas, 2004.

CARDELLA, B. *Segurança no trabalho e prevenção de acidentes: uma abordagem holística - segurança integrada a missão organizacional com produtividade, qualidade, preservação ambiental e desenvolvimento de pessoas*. São Paulo: Atlas, 1999.

CATANIA, C. A. *Aprendizagem: comportamento, linguagem e cognição*. 4. ed. Porto Alegre: Artes Médicas, 1999.

DAVIES, D. R.; SHACKLETON, V. J. *Psicologia e trabalho*. Rio de Janeiro: Zahar Editores, 1977.

DEJOURS, C. *O fator humano*. Rio de Janeiro: FGV, 1999.

DELA COLETA, J. A. *Acidentes de trabalho: fator humano, contribuições da psicologia do trabalho, atividades de prevenção*. São Paulo: Atlas, 1991.

DELORS, J. (Coord.). *Educação: um tesouro a descobrir*. Brasília: UNESCO/MEC, 1998.

FREIRE, P. *Pedagogia da autonomia: saberes necessários à prática educativa*. São Paulo: Paz e Terra, 1996.

GELLER, E. S. *Psychology of safety handbook*. Boca Raton, USA: Lewis Publishers, 2002.

GELLER, E. S. *Work safe: how to help people for actively care for health and safety*. Boca Raton, USA: CRC Press, 2001.

GELLER, E. S. Ten principles for achieving a total safety culture. *Professional safety*, Illinois, USA, p. 18-24, 1994.

KIENEN, N.; WOLF, S. Administrar comportamento humano em contextos organizacionais. *Psicologia: Organizações e Trabalho*, Florianópolis, n. 2, v. 2, p. 11-37, jul./dez. 2002.

KLETZ, T. A. Process safety progress. *Human Safety*, Phoenix, USA, v. 17, n. 3, p. 196-9, 2002.

KRZNARIC, R. *Como encontrar o trabalho de sua vida*. Rio de Janeiro: Objetiva, 2012.

LEWIN, K. *Teoria dinâmica da personalidade*. São Paulo: Cultrix, 1975.

LIMA, D. A. *Educação, segurança e saúde do trabalhador: manual para cursos de capacitação de trabalhadores em segurança, saúde e qualidade de vida no trabalho*. São Paulo: Fundacentro, 1999.

MELIÁ, J. L.. Medición y métodos de intervención en psicología de la seguridad y prevención de accidentes. *Psicología del Trabajo y de las Organizaciones*, Valencia, España, n.15, p. 237-66, 1999.

REBELATTO, J. R.; BOTOMÉ, S. P. *Fisioterapia no Brasil: fundamentos para uma ação preventiva e perspectivas profissionais*. 2. ed. São Paulo: Manole, 1999.

RODRIGUES. A. *Psicologia social*. 7. ed. Petrópolis: Vozes, 1998.

SIDMAN, M. *Coerção e suas implicações*. Campinas: Livro Pleno, 2001.

SKINNER, B. F. *Sobre o behaviorismo*. São Paulo: Cultrix, 1983.

SKINNER, B. F. Contingências de reforço: uma análise teórica. In: PAVLOV, I. P. *Textos escolhidos*. São Paulo: Abril Cultural, 1980. p. 161-391.

SKINNER, B. F. *Ciência e comportamento humano*. Brasília: Editora Universidade de Brasília, 1967.

STEDILE, N. L. R. *Prevenção em saúde: comportamentos profissionais a desenvolver na formação do enfermeiro*. Dissertação (Mestrado em Educação), Universidade Federal de São Carlos / Universidade Federal de Caxias do Sul, Caxias do Sul, 1996.

TAMAYO, A. T.; PORTO, J. B. *Valores e comportamento nas organizações*. Petrópolis: Vozes, 2005

VASCONCELLOS, M. J. E. de. *Pensamento sistêmico: o novo paradigma da ciência*. 6ed. Campinas: Papirus: 2002.

YUS, R. *Educação integral: uma educação holística para o século XXI*. Porto Alegre: Artmed, 2002.

Obras consultadas

ALEXIM, J. C.; BRÍGIDO, R. *Certificação de competências profissionais: glossário de termos técnicos.* Brasília: OIT, 2002.

BERGAMINI, C. W. *Liderança: administração do sentido.* São Paulo: Atlas, 1994.

BLEY, J. Z. A psicologia da segurança no trabalho e o compromisso social do psicólogo. *Psicologia Argumento*, Curitiba, n. 30, p. 51-5, 2002.

BLEY, J. Z. *Consciência, aprendizagem e mudança: uma possibilidade de prevenir doenças e acidentes.* Monografia (Curso de Terapia Relacional Sistêmica), Curitiba, 2002.

BLEY, J. Z.; KUBO, O. M. Acidente de trabalho: o que o psicólogo tem a ver com isso? *Psicologia Argumento*, Curitiba, n. 34, p. 65-6, jul./set. 2003.

BOFF, L. *Saber cuidar: ética do humano, compaixão pela terra.* Petrópolis: Vozes, 1999.

BOTOMÉ, S. P.; KUBO, O. M. Responsabilidade social dos programas de pós-graduação e formação de novos cientistas e professores de nível superior. *Interação em Psicologia*, Curitiba, v. 6, n. 1, p. 81-110, 2002.

CANDEIAS, N. M. F.; ABUJAMRA, A. M. D.; OLIVEIRA, J. T. Percepção de trabalhadores metalúrgicos sobre problemas de saúde e riscos ambientais. *Revista da Escola de Enfermagem da USP*, São Paulo, n. 32, p. 231-45, 1998.

146 | JULIANA BLEY

CHOR, D. Saúde pública e mudanças de comportamento: uma questão contemporânea. *Cadernos de Saúde Pública*, Rio de Janeiro, n.15, p. 423-5, 1999.

COMTE-SPONVILLE, A. *O pequeno tratado das grandes virtudes*. São Paulo: Martins Fontes, 1999

CRUZ, R. M. Medidas psicológicas em psicologia do trabalho e das organizações. In: CRUZ, R. M.; ALCHIERI, J. C.; SARDA, J. J. (Eds.). *Avaliação e medidas psicológicas: produção do conhecimento e da intervenção profissional*. São Paulo: Casa do Psicólogo, 2002. p. 173-8.

DAHLKE, R.; DETHLEFSEN, T. *A doença como caminho: uma visão nova da cura como ponto de mutação em que um mal se deixa transformar em bem*. São Paulo: Cultrix, 1983.

DINIZ, A. *Líder do futuro: a transformação do líder em líder coach*. São Paulo: Associação Brasileira de Treinamento e Desenvolvimento, 2005.

DEJOY, D. Theoretical models of health behavior and workplace self-protective behavior. *Journal of Safety Research*, Itasca, USA, n. 27, v. 2, p. 61-72, 1996.

FERREIRA, D. C. Considerações sobre acidente do trabalho: aspectos previdenciários e trabalhistas. *Direitos Difusos*, São Paulo, n. 15, p. 2003-10, 2002.

FRANÇA, A. C. L.; RODRIGUES, A. L. *Stress e trabalho: uma abordagem psicossomática*. 2. ed. São Paulo: Atlas, 1999.

GELLER, S. E. *People Based Safety: the source.*Virginia: Coastal, 2005.

GLENDON, I.; MCKENNA, E. F. *Human safety and risk management*. London, England: Chapman & Hall, 1995.

GUÉRIN, R. M. *et al*. *Compreender o trabalho para transformá-lo: a prática da ergonomia*. São Paulo: Edgar Blucher, 2001.

ISLA, R., DIAZ. D.; DÍAZ, L. Efectos de un programa de formación sobre las actitudes y el clima de seguridad en una plataforma de aeropuerto. *Revista de Psicología del Trabajo y de las Organizaciones*, Madrid, España, n. 14, v. 1, p. 99-112, 1998.

KIEFER, C.; FAGÁ, I.; SAMPAIO, M. R. (Orgs.) *Trabalho, educação e saúde: um mosaico de múltiplos tons.* Vitória: Fundacentro, 2000.

KRISHNAMURTI, A. *A arte de aprender: carta as escolas.* Rio de Janeiro: Terra sem caminho, 2003.

LAVILLE, C.; DIONNE, J. *A construção do saber: manual de metodologia da pesquisa em ciências humanas.* Porto Alegre: Artes Médicas, 1999.

MATOS, M. A. Análise de contingências no aprender e no ensinar. In: ALENCAR, E. S. (Ed.) *Novas contribuições da psicologia aos processos de ensino aprendizagem.* 4. ed. São Paulo: Cortez, 2001. p. 141-65.

MENDES, R.; DIAS, E. C. Saúde do Trabalhador. In: ROUQUAYROL, M. Z. *Epidemiologia e saúde.* 4. ed. São Paulo: Medsi, 1994. p. 383-402.

MELIÁ, J. L. Medición y métodos de intervención en psicología de la seguridad y prevención de accidentes. *Revista de Psicología del Trabajo y de las Organizaciones,* Madrid, España, n.15, v. 2, p. 237-66, 1999.

MORIN, E. *A cabeça bem-feita: repensar a reforma, reformar o pensamento.* Rio de Janeiro: Bertrand Brasil, 2001.

NIERO, E. M. *O ambulatório de saúde do trabalhador em Florianópolis (SC): um espaço de resistência no atendimento ao trabalhador acidentado e/ou doente em função do trabalho.* Dissertação (Mestrado em Engenharia de Produção), Universidade Federal de Santa Catarina, Florianópolis, 2002.

POSTMAN, N.; WEINGARTNER, C. *Contestação: nova fórmula de ensino.* 3. ed. Rio de Janeiro: Expressão e Cultura, 1974.

RAMAZZINI, B. *As doenças dos trabalhadores.* 2. ed. São Paulo: Fundacentro, 1999.

SANTOS, N.; FIALHO, F. *Manual de análise ergonômica do trabalho.* 2. ed. Curitiba: Gênesis, 1997.

SENGE, P; SCHARMER, O.; JAWORSKI, J.; FLOWERS, B.S. *Presença: propósito humano e o campo do futuro*. São Paulo: Cultrix, 2007.

VASCONCELLOS, M. J. E. *Pensamento sistêmico: o novo paradigma da ciência*. Campinas: Papirus, 2002.

WISNER, A. *A inteligência no trabalho: textos selecionados em ergonomia*. São Paulo: Fundacentro, 1994.

EPÍLOGO

O mito do cuidado

Certo dia, ao atravessar um rio, Cuidado viu um pedaço de barro. Logo, teve uma ideia inspirada: tomou um pouco de barro e começou a dar-lhe forma. Enquanto contemplava o que havia feito, apareceu Júpiter. Cuidado pediu-lhe que soprasse espírito nele, o que Júpiter fez de bom grado.

Quando, porém, Cuidado quis dar um nome à criatura que havia moldado, Júpiter o proibiu. Exigiu que fosse imposto o seu nome. Enquanto Júpiter e o Cuidado discutiam, surgiu, de repente, a Terra. Quis, também ela, conferir o seu nome à criatura, pois fora feita de barro, material do corpo da Terra. Originou-se, então, uma discussão generalizada. De comum acordo, pediram a Saturno que funcionasse como árbitro. Este tomou a seguinte decisão, que pareceu justa.

"Você, Júpiter, deu-lhe o espírito; receberá, pois, de volta, este espírito por ocasião da morte dessa criatura. Você, Terra, deu-lhe o corpo; receberá, portanto, também de volta, o seu corpo quando essa criatura morrer. Como você, Cuidado, foi quem, por primeiro, moldou a criatura, ficará sob seus cuidados enquanto ela viver. E uma vez que, entre vocês, há acalorada discussão acerca do nome, decido eu: esta criatura será chamada Homem, isto é, feita de húmus, que significa terra fértil."

(Fábula de Higino, traduzida livremente por Leonardo Boff)

A autora

Juliana Bley é uma artesã do Cuidado. Desde cedo engajou-se no trabalho com as Pessoas tendo como norteadores a Integridade Humana, a Saúde, o Bem-Estar e a Qualidade de Vida, dentro e fora dos ambientes de trabalho. Alinhavando e tecendo influências teóricas do Pensamento Sistêmico, da Psicologia do Trabalho e da Saúde Integral desenvolve uma abordagem dos desafios das pessoas e dos sistemas humanos que flui pelo fio condutor do Cuidado com a Vida, desde o nível pessoal até a dimensão do coletivo.

Como Psicóloga dedica-se ao trabalho terapêutico em consultório e ao ofício de Educadora de Adultos no contexto empresarial por meio de palestras, cursos e workshops.

Saiba mais em: www.julianabley.com.br

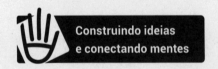

Este livro foi composto com tipografia Bembo Std
e impresso em papel Pólen Natural 80g.